Le destin au berceau

Camille Peugny

Le destin au berceau

Inégalités et reproduction sociale

LA REPUBLIQUE DES IDEES

Seuil

Collection dirigée
par Pierre Rosanvallon
et Ivan Jablonka

ISBN : 978-2-02-109608-8

www.seuil.com

« Vous êtes le fils d'un salarié, ouvrier, employé, journalier agricole. Sauf hasard providentiel, votre destinée est de demeurer toute votre vie un salarié. Voilà, tout à côté de vous, dans la rue voisine, le fils d'un possédant, d'un détenteur de capitaux. À moins de circonstances extraordinaires, il restera sa vie entière, directement ou indirectement, un patron. [...] On nous répondra : la société distribue à chacun de ses membres le rôle, la tâche qui convient à ses facultés. Il faut bien que l'un commande et que l'autre exécute, que l'un travaille de son cerveau, l'autre de ses bras. Soit, il faut des hommes pour toutes les tâches, et il serait absurde que chacun prétendît à diriger les autres. Mais où trouvons-nous l'assurance que le fils du possédant en fût plus digne que le fils du prolétaire ? Quand donc a-t-on mesuré contradictoirement leurs aptitudes, c'est-à-dire leur intelligence et leur culture ? L'un est plus instruit que l'autre ? C'est qu'un premier privilège, une première distinction arbitraire les a séparés, dès que leur conscience s'éveillait à la vie. »

Léon Blum, *Pour être socialiste*, 1919.

INTRODUCTION

Dans la France d'aujourd'hui, sept enfants de cadres sur dix exercent un emploi d'encadrement quelques années après la fin de leurs études. À l'inverse, sept enfants d'ouvriers sur dix demeurent cantonnés à des emplois d'exécution. Plus de deux siècles après la Révolution, les conditions de naissance continuent à déterminer le destin des individus. On ne devient pas ouvrier, on naît ouvrier.

Bien sûr, sur le long terme, la société française s'est considérablement ouverte. Tout au long du XXe siècle, les bouleversements de la structure sociale et les progrès de l'éducation ont conduit un nombre croissant d'individus à cheminer dans l'espace social et à s'élever au-dessus de la condition de leurs parents. Jadis exceptionnelle, la mobilité sociale est devenue une régularité statistique, en France comme dans la plupart des autres sociétés occidentales.

Pourtant, la société française reste minée par les inégalités. Tandis que les 10 % des Français les plus fortunés concentrent la moitié de la richesse nationale, les hauts revenus s'envolent et la pauvreté s'étend, frappant désormais plus de huit millions d'individus. Du point de vue de la mobilité sociale, le constat est terrible : entre le début des années 1980 et la fin des années 2000, l'intensité de la reproduction sociale n'a pas faibli, bien au contraire, alors que la période était marquée par une massification scolaire de grande ampleur.

Pour la société française, qui a fait de l'école la principale voie de mobilité sociale, c'est un constat d'échec : le déclin de l'immobilité sociale demeure extrêmement modeste au regard de l'effort consenti pendant le dernier demi-siècle. En termes de démocratisation, le bilan de la massification scolaire est donc très faible. Foncièrement élitiste, l'école de la République se préoccupe du succès de quelques individus, surreprésentés parmi les groupes sociaux les plus favorisés à qui elle offre le luxe de l'excellence, et ignore trop souvent le sort des « vaincus » de la compétition scolaire, promis à la relégation sociale. Tel est le paradoxe de la société française : elle accorde une importance démesurée au diplôme obtenu à l'issue de la formation initiale, alors que la compétition scolaire est socialement biaisée dès le départ, tant l'origine sociale pèse sur les cursus et les résultats scolaires.

Pour parvenir à desserrer l'étau de la reproduction sociale, il faut en terminer avec le mythe d'une République « méritocratique » et rendre l'école vraiment démocratique. Surtout, à l'heure où les carrières s'allongent et où l'exigence de mobilité ne cesse d'être affirmée, il est inacceptable que le destin des individus soit figé si tôt. Une société fragilisée par la mondialisation ne peut s'estimer quitte de son travail d'égalisation des conditions à l'issue de la formation initiale (et ce, même si l'école devenait moins injuste et plus méritocratique). Il faut multiplier les *occasions d'égalité* et, pour ce faire, repenser la place de la formation initiale et son articulation avec ce qui devrait être – au-delà des slogans maintes fois répétés – un vrai *dispositif universel de formation* tout au long de la vie, garanti par la puissance publique et les partenaires sociaux.

En France, un tel programme relève de la révolution culturelle. Mais il y a urgence : la persistance d'une forte reproduction, trait majeur de la société française, menace de plus en plus la cohésion sociale. Dans une démocratie moderne, un enfant doit pouvoir faire sa vie avec d'autres cartes que celles qu'il a trouvées dans son berceau.

La transmission des inégalités

Si le thème des inégalités entre générations a rencontré ces dernières années un écho médiatique considérable, sa pertinence pourrait décliner avec le temps. Au cœur des Trente Glorieuses, les premiers nés du *baby-boom* entraient certes sur le marché du travail dans des conditions idéales : forte croissance, plein-emploi, diffusion rapide du salariat moyen et supérieur, etc. Ce n'est franchement plus le cas pour les cohortes nées quinze ou vingt ans après, si bien que, comparés à la génération qui les précède, les individus nés dans les années 1960 font face à des destins nettement moins enviables. Toutefois, à mesure que se prolonge la crise ouverte dans les années 1970, un phénomène nouveau apparaît : les cohortes qui se succèdent sont confrontées à des difficultés identiques. La « grande transformation » du capitalisme industriel, qui fait voler en éclats le compromis social des Trente Glorieuses [1], affecte le parcours de toutes les générations qui cherchent à entrer sur le marché du travail à partir des années 1980, période où le chômage des jeunes actifs dépasse déjà les 20 %.

Dès lors, la génération des années 1940 apparaît pour ce qu'elle est : une génération qui a pu s'insérer dans un contexte économique exceptionnellement favorable. Il est toujours possible de s'y référer pour étudier le sort des générations montantes, mais cette comparaison tend à perdre sa pertinence initiale. Les jeunes

1. Voir Robert Castel, *La Montée des incertitudes. Travail, protection, statut de l'individu*, Paris, Seuil, 2009.

de 2013, qui cherchent à s'insérer sur le marché du travail, commencent précisément à être les enfants des générations nées dans les années 1960. Dès lors, ce qui est marquant, c'est la manière dont leur parcours dépend des ressources économiques, sociales et culturelles de leurs parents. Autrement dit, à mesure que s'éloigne dans le temps la référence des premiers *baby-boomers*, c'est davantage l'intensité de la transmission des inégalités entre les générations qui apparaît avec force. Dans une société déchirée par trois décennies de crise, les conditions de la naissance déterminent de plus en plus étroitement les « chances de vie » des individus.

Ce constat est à la fois banal et dérangeant. Banal, parce que personne ne nie l'importance des inégalités liées à la naissance, aujourd'hui comme hier. Et dérangeant pour deux raisons : d'abord, parce qu'il implique de penser la société comme étant travaillée par des antagonismes sociaux majeurs, à l'heure où l'importance du social tend à être minorée ; ensuite, parce qu'il met à mal les « discours du mérite » dans lesquels nous baignons, mis en pièces par la persistance d'une reproduction massive des inégalités.

Le retour du social

La faible attention portée au thème de la reproduction sociale ne s'explique pas uniquement par le succès médiatique du thème des inégalités entre générations. Elle s'explique plus généralement par l'invisibilité croissante du social et, avant tout, par le déclin des analyses en termes de classes sociales. Lorsque, dans les années 1960, certains sociologues prononcent, en France comme dans les autres sociétés occidentales, l'acte de décès des classes sociales, l'argument de la mobilité sociale est essentiel dans leur démonstration. En effet, au-delà de la diminution des inégalités économiques et éducatives, le déclin de l'immobilité sociale serait le signe que les frontières entre les classes sont de plus en plus poreuses : si les individus peuvent changer de groupe social et qu'ils sont de plus en plus nombreux à le faire, alors la société devient un continuum de positions sociales, une échelle le long de laquelle les individus peuvent progresser, ou glisser. Dès lors, une lecture en termes de classes sociales ne semble plus pertinente pour des sociétés d'abondance dans lesquelles, en dépit d'inégalités importantes, chacun pourrait entrevoir, à relativement brève échéance, une amélioration sensible de ses conditions d'existence.

Mais aujourd'hui, tout a changé. La certitude d'un avenir meilleur a laissé la place à la crainte, et bien souvent à la réalité, du déclassement. Le mouvement de réduction des inégalités qui a accompagné la fin des Trente Glorieuses est stoppé depuis plus d'une quinzaine d'années. Pourtant, pour beaucoup, le concept de classe sociale et, plus encore, celui de reproduction sociale continuent à figurer au rang des concepts poussiéreux, datés, voire marxisants, renvoyant à l'atmosphère surannée des années 1960, lorsque Pierre Bourdieu et Jean-Claude Passeron ont donné un contenu théorique et empirique à la notion[1].

Ce déni du social se retrouve dans les termes utilisés par nombre de commentateurs pour décrire la société française. Après l'avoir décrite « en dépression » dans son rapport de 2010, le médiateur de la République voyait en 2011 une France « au bord du *burn-out* », terme utilisé pour décrire l'épuisement professionnel de certains salariés. Ainsi, au fur et à mesure que s'étend la précarité, la société française est décrite comme un corps ou un esprit malade, et cette psychologisation du social permet de dissimuler les dynamiques profondes d'une société écartelée par les inégalités.

1. Pierre Bourdieu et Jean-Claude Passeron, *Les Héritiers. Les étudiants et la culture*, Paris, Minuit, 1964, et *La Reproduction : éléments pour une théorie du système d'enseignement*, Paris, Minuit, 1970.

Enfin, les individus eux-mêmes semblent parfois nier l'existence des classes sociales, préférant s'identifier à de larges « classes moyennes » qui figurent désormais au cœur de l'attention, qu'on les dise « à la dérive » ou, au contraire, en ascension, défendant ou améliorant leurs positions. Or la persistance d'une forte reproduction sociale fissure le mythe des sociétés moyennes. Les destins à ce point contrastés des enfants d'ouvrier (ou d'employé) et des enfants de cadre viennent souligner à quel point il existe des univers de vie différents et des déterminismes qui contrarient notre besoin de nous croire les acteurs de notre propre existence.

Le naufrage du « mérite »

La glorification du mérite est le corollaire logique de l'invisibilité du social : dès lors que les antagonismes sociaux sont niés, chaque individu est érigé en acteur responsable de ses choix, de ses réussites et de ses échecs. Cette omniprésence du mérite, dans les discours que la société tient sur elle-même, est tout à fait paradoxale à un moment où la précarité ne cesse de progresser. Par exemple, s'il était à la rigueur concevable de rendre les chômeurs responsables de leur situation à l'ère du plein-emploi, les incriminer à l'ère du chômage de masse semble tout à fait déraisonnable[1]. Ainsi, non seulement les franges les plus fragiles de la population doivent faire face à des risques accrus de disqualification sociale, mais, en plus, elles sont montrées du doigt : à l'heure du « mérite » et de l'« égalité des chances », les individus doivent rendre des comptes et porter le fardeau de leurs propres difficultés.

1. Serge Paugam et Nicolas Duvoux ont montré à quel point le regard porté sur les pauvres s'était profondément transformé, passant de la compassion à la stigmatisation. Voir *La Régulation des pauvres. Du RMI au RSA*, Paris, PUF, 2008.

« Quand on veut, on peut », dit l'adage : chacun est maître de son destin et connaît un sort à la hauteur de ses efforts. Certes, quelques éléments brillants issus des classes défavorisées se distinguent par des parcours défiant les lois de la statistique ; mais, sauf à considérer que les enfants des classes populaires sont par nature moins intelligents ou moins courageux que les enfants mieux nés, le destin exceptionnel de quelques-uns ne saurait légitimer les obstacles semés sur le chemin du plus grand nombre.

La persistance d'un tel déterminisme de la naissance fait voler en éclats le mythe de la méritocratie dans la société en général et dans l'« école de la République » en particulier. En effet, l'ampleur de la reproduction des inégalités au fil des générations montre que la distribution des individus dans la hiérarchie sociale ne se fait pas au hasard, mais selon des logiques liées à la naissance, à l'enfance et la socialisation dans différents milieux sociaux. Plus encore, c'est la société, dans sa façon de fonctionner et dans les « règles du jeu » qu'elle met en place, qui est à l'origine de la reproduction des inégalités.

CHAPITRE PREMIER

Le mirage des sociétés « moyennes »

Le concept de reproduction sociale n'est pas neutre. Il fait pénétrer au cœur même de la stratification sociale et de l'organisation des sociétés. L'évocation d'une reproduction des inégalités au fil des générations est ainsi indissociable d'une analyse en termes de classes sociales que les Trente Glorieuses semblaient avoir définitivement enterrées. Devant l'élévation rapide du niveau de vie et la diffusion massive du salariat moyen et supérieur, certains sociologues ont en effet conclu à l'irrésistible « moyennisation » des sociétés occidentales. Intimement lié à l'analyse marxiste des sociétés industrielles, le concept de classe sociale apparaissait alors terriblement désuet, inadapté à des structures sociales profondément bouleversées par la tertiarisation de l'économie. Dans ces théories de la moyennisation, le déclin de la reproduction constituait un argument central.

Trois décennies plus tard, cette analyse apparaît elle-même désuète. La fin de la période de forte croissance, l'entrée dans une période prolongée de crise économique et la « montée des incertitudes » qui s'ensuit pour de larges pans de la population ont mis un terme au mouvement de réduction des inégalités. Les profondes transformations du capitalisme ont sapé les fondements du compromis social des Trente Glorieuses. La certitude d'un avenir meilleur a laissé place à la peur du déclassement et, bien souvent, à sa réalité. Dans ce contexte, l'origine sociale redevient déterminante dans les parcours de vie. Plus encore, la dualisation de la structure sociale, entre « gagnants » et « perdants » de la mondialisation, polarise à nouveau les destins sociaux et rend encore plus étroites les voies de la mobilité sociale.

La fin annoncée des classes sociales

Le sociologue américain Robert Nisbet est l'un des premiers à prononcer l'acte de décès des classes sociales[1]. Son propos est simple : si le concept de classe sociale est utile à l'analyse historique des sociétés, il est inopérant pour les sociétés occidentales des années 1950. Explicitée par Louis Chauvel[2], son argumentation consiste à démontrer que, sur deux des trois échelles de la stratification sociale, les inégalités entre les groupes sociaux diminuent. Si Nisbet évoque peu la question de l'ordre social et de l'évolution du prestige des différentes positions sociales, son argumentation est plus étoffée dans l'ordre politique et dans l'ordre économique. Sur ce dernier point, outre l'élévation du niveau de vie des catégories populaires et leur accès croissant à la consommation de masse, la diffusion de la propriété en leur sein porte un coup fatal aux classes sociales marxistes. Dans l'ordre politique, Nisbet mentionne la diffusion du pouvoir au sein de toutes les catégories sociales et souligne surtout le déclin du « vote de classe ». En fin de compte, diminution des inégalités écono-

1. Robert A. Nisbet, « The Decline and Fall of Social Class », *Pacific Sociological Review*, vol. 2, n° 1, 1959, p. 11-17.

2. Louis Chauvel, « Le retour des classes sociales », *Revue de l'OFCE*, n° 79, 2001, p. 314-359.

miques et déstructuration des comportements de classe signent l'inadaptation du concept de classe sociale aux sociétés d'abondance.

En France, c'est probablement Henri Mendras qui pousse le plus loin la description d'une société sans classes sociales. Dans sa *Seconde Révolution française*[1], il ne se contente pas d'annoncer la fin des classes sociales : poursuivant le raisonnement, il propose une autre forme de représentation de la structure sociale. L'« émiettement des classes sociales » qu'il décrit est celui des trois grandes classes identifiées au début du XXe siècle : la bourgeoisie, la classe ouvrière et la paysannerie. Pour chacune d'entre elles, suivant en filigrane la définition marxiste, il décrit la disparition de groupes « en soi » et « pour soi ». Dans une France devenue industrielle plus tardivement que les autres pays européens, le secteur agricole occupe encore une place très importante au lendemain de la Seconde Guerre mondiale. Le nombre d'agriculteurs diminue ensuite de manière rapide et régulière. C'est la « fin des paysans » : à ce déclin numérique viennent s'ajouter l'urbanisation des modes de vie ruraux et, avec elle, la fin de la « culture paysanne ».

Selon Mendras, la France n'aura connu que deux générations de prolétaires : celle du Front Populaire et celle qui, née dans l'entre-deux-guerres, prend le relais dans les années 1950. Ensuite, emportant tout sur leur passage, les Trente Glorieuses transforment en profondeur le monde ouvrier et sa culture, de telle sorte que les ouvriers de la fin des années 1960 ressembleraient « davantage à des employés qu'à des ouvriers ». Quant aux bourgeois, ceux des années 1980 ne sont que de lointains parents des élites du début du siècle : le krach de 1929 a entraîné la disparition de la bourgeoisie rentière et, désormais, même ceux qui pourraient vivre du revenu de leur patrimoine « se sentent

1. Henri Mendras, *La Seconde Révolution française. 1965-1984*, Paris, Gallimard, 1988.

obligés d'avoir une activité rémunérée et vivent d'abord de leur travail et accessoirement de leur fortune ». En définitive, outre la disparition de ce qui faisait l'identité de chacune de ces trois classes, c'est la dissolution de leurs antagonismes consubstantiels qui hâterait leur décomposition.

Au-delà de cette analyse historique, il est vrai que l'élévation rapide et régulière du niveau de vie dans les années 1960 a permis à toutes les catégories sociales, et singulièrement aux plus défavorisées, d'espérer à échéance raisonnable une amélioration sensible de leurs conditions de vie[1]. Par ailleurs, la mise en place dès 1945 de la Sécurité sociale, prévue dans le programme du Conseil national de la Résistance, a contribué à protéger tous les salariés contre les principaux risques de la vie : puisque l'État-providence attache des protections au travail, le travailleur acquiert un statut[2]. Observant, dans un texte peu connu, les effets de ces métamorphoses sur la structure sociale d'un petit bourg breton, Edgar Morin souligne à quel point l'accès au salariat a constitué une promotion sociale pour les enfants de paysans[3]. À Plodémet, les populations non agricoles connaissent un mouvement d'« embourgeoisement général » et, dans le bourg ainsi tiré vers le haut, les paysans font figure de repoussoir, précisément parce qu'ils sont accusés de rester à l'écart d'une modernité rendue possible par le développement du salariat et l'élévation du niveau de vie.

1. Louis Chauvel a estimé à 3,5 % la hausse annuelle moyenne du pouvoir d'achat lors des Trente Glorieuses, soit une multiplication par deux en moins de vingt ans. Voir Louis Chauvel, *Les Classes moyennes à la dérive*, Paris, Seuil / La République des Idées, 2006.

2. Robert Castel, *L'Insécurité sociale. Qu'est-ce qu'être protégé ?*, Paris, Seuil / La République des Idées, 2003.

3. Edgar Morin, *Commune en France. La métamorphose de Plodémet*, Paris, Fayard, 1967.

Les théories de la moyennisation

La diminution des inégalités économiques est un argument important pour ceux qui annoncent la fin des classes sociales. Pour autant, elle ne constitue qu'un pilier des théories de la « moyennisation » des sociétés occidentales. Les classes moyennes, indéfinissables par nature, ont toujours causé beaucoup de difficultés aux sociologues.

Lorsque Marx décrit la lutte à mort entre deux classes antagonistes dans le mode de production capitaliste, il trouve devant lui des individus ou des groupes qui n'appartiennent ni à la bourgeoisie propriétaire des moyens de production, ni au prolétariat exploité. Dans certains écrits, il se livre donc à une analyse plus fine de la stratification sociale en distinguant des fragments de classe : petits boutiquiers, petits rentiers, paysans, aristocratie financière, etc. Toutefois, prévoit Marx, la cristallisation des rapports sociaux qui accompagne le développement du capitalisme sonnera le glas de la plupart de ces groupes intermédiaires qui ne peuvent employer les moyens de la grande industrie et qui viendront gonfler les rangs du prolétariat. Quant aux autres, beaucoup plus rares, mais assez gros pour rejoindre les propriétaires des moyens de production, ils conforteront la situation de la bourgeoisie : « plus la classe dominante est capable d'intégrer les hommes éminents des classes dominées, plus durable et dangereuse sera sa domination [1]. »

Au tournant du XIXe siècle, Georg Simmel ouvre une brèche dans le schéma marxiste en proposant la première analyse sociologique de la classe moyenne, dont il observe l'expansion numérique [2]. Selon lui, loin de n'être qu'une troisième classe qui

1. Karl Marx et Friedrich Engels, *Manifeste du Parti communiste*, Paris, Éditions sociales, 1967 (1848).

2. Georg Simmel, *Sociologie et Épistémologie*, Paris, PUF, 1981.

viendrait simplement s'ajouter aux deux autres, la classe moyenne a un rôle décisif dans le processus de changement social. Mendras, qui commente la parution d'un recueil de textes de Simmel pour la *Revue française de sociologie* en 1983, souligne l'intuition du philosophe allemand, pour qui la classe moyenne « fait de continuels échanges avec les deux autres classes », fluctuations qui « effacent les frontières et les remplacent par des transitions parfaitement continues ». Là est bien le point essentiel : si la classe moyenne est en interaction permanente avec les deux autres, alors, selon Mendras, « elle les pervertit ». Elle instille « ses propres caractéristiques » aux deux classes extrêmes, qui « se mettent à ressembler plus à la classe moyenne qu'au prolétariat et à la bourgeoisie [1] ». En fin de compte, c'est bien l'organisation de la société en classes sociales qui se dissout, tandis que grandit l'influence d'une classe moyenne de plus en plus nombreuse.

Mendras se montre très influencé par Simmel lorsqu'il propose sa propre représentation de la société française du début des années 1980. Fidèle à son analyse de l'émiettement des classes sociales, il préconise de renoncer au « schéma » pyramidal, qui implique un courant vertical du haut vers le bas de la structure sociale, et propose à la place une « vision cosmographique de la société ». Il s'agit donc de considérer cette dernière comme un ciel dans lequel s'organiseraient différentes « constellations » et qui serait parcouru par des courants horizontaux. À partir de l'analyse des revenus et des diplômes des différentes catégories socioprofessionnelles, Mendras distingue trois constellations principales.

La première, composée d'employés et d'ouvriers, est qualifiée de « constellation populaire ». Souvent caricaturé sur ce point, il ne nie donc pas la persistance d'un groupe populaire majoritaire, qu'il évalue à 50 % de la population et qui conserve

1. Henri Mendras, *La Seconde Révolution française, op. cit.*, p. 59.

un mode de vie caractéristique. La seconde, définie de manière assez floue, est constituée par l'« élite » (3 % de la population), qui ne peut plus être qualifiée de « dirigeante ». Utilisant l'image du « contrôleur du ciel », Mendras affirme que son rôle tiendrait davantage du contrôle du système social. Mais la constellation la plus importante est bien la « constellation centrale » : même minoritaire numériquement (environ le quart de la population active), c'est elle qui porte le changement social.

Filant la métaphore céleste, Mendras distingue en son sein plusieurs « galaxies » : les cadres d'abord, mais aussi et surtout les « noyaux innovateurs » que constituent les techniciens, les cadres moyens et les employés de bureau, dont le nombre augmente à un rythme très rapide. Parmi eux, les plus importants sont les professionnels de l'éducation, de la culture et du secteur médico-social, dont la proportion est multipliée par deux entre le début des années 1960 et la fin des années 1980. Si leur rôle est crucial, c'est parce qu'ils partagent une « identité forte » et des « attitudes communes » et que, par conséquent, ce sont eux qui conduisent le changement social et insufflent les transformations de la société française.

Ces acteurs vont même être à l'origine d'une forme avancée de la transformation sociale, l'alternance politique, et ce de deux manières. D'abord individuellement, en étant très présents dans les rangs du Parti socialiste reconstruit à Épinay et en le conduisant à la victoire aux élections municipales de 1977 : de nombreux maires qui conquièrent des municipalités pour le PS appartiennent à ces catégories professionnelles[1]. Collectivement, ensuite, en tant que porteurs d'un nouveau courant, le libéralisme

1. Catherine Bidou montre par exemple comment ces nouvelles couches moyennes investissent des communes périurbaines et y conquièrent rapidement le pouvoir municipal. Voir Catherine Bidou, *Les Aventuriers du quotidien. Essai sur les nouvelles classes moyennes*, Paris, PUF, 1984.

culturel, défini comme un ensemble de valeurs « davantage centrées sur les notions de liberté et d'épanouissement de l'individu[1] », et qui s'incarnent dans les mouvements en faveur de l'environnement, du droit des femmes, de la tolérance à l'égard des minorités. Étudiant les ressorts du « virage à gauche » des couches moyennes salariées au tournant des années 1980, les politistes ont montré à quel point leur adhésion au libéralisme culturel avait compté dans leur vote massif en faveur du PS.

La diminution de la reproduction sociale

Si ces nouvelles couches moyennes salariées se tournent alors massivement vers le Parti socialiste, ce n'est pas seulement parce qu'il porte des valeurs de libéralisme culturel. En effet, le parti de Mitterrand a su, de manière habile, effectuer la synthèse entre ces nouvelles valeurs et les « valeurs traditionnelles de la gauche » (défense collective des travailleurs, droit de grève, droits syndicaux, etc.). Or les membres de ces nouvelles classes moyennes, parce que d'origine populaire, très souvent issus de familles ouvrières, ont gardé la marque de leur socialisation politique initiale et demeurent sensibles aux thématiques traditionnelles du mouvement ouvrier.

Nous touchons ici à un point crucial du point de vue de la reproduction sociale : jeunes, parce qu'occupant des professions relativement récentes, les membres de ces nouvelles couches moyennes salariées sont issus des classes populaires et se recrutent donc par promotion sociale. C'est pourquoi l'argument de la

1. Gérard Grunberg et Étienne Schweisguth, « Le virage à gauche des classes moyennes salariées », *in* Georges Lavau *et al.* (dir.), *L'Univers politique des classes moyennes*, Paris, Presses de Sciences Po, 1983, p. 351-367.

hausse de la mobilité sociale est central dans les analyses qui postulent la fin des classes sociales ; et la diminution de la reproduction sociale est indissociable des théories de la moyennisation de la société française. En effet, si les individus parviennent dans des proportions significatives à traverser une partie de l'espace social, c'est que les frontières entre les groupes sociaux sont, dans une certaine mesure, moins étanches.

De fait, entre 1953 et 2003, la part des individus qui se situent dans la même catégorie socioprofessionnelle que leur père décline sensiblement. Parmi les hommes âgés de 35 à 59 ans, cette proportion passe de 51 % en 1953 à 40 % en 1970, 38 % en 1977, 36,5 % en 1985 et 35 % en 1993. Parmi les femmes du même âge, l'évolution est plus sensible encore : la proportion passe de 48 % en 1953 à 23 % en 1993[1]. Au début des années 1990, près de deux hommes sur trois et de huit femmes sur dix appartiennent ainsi à une catégorie socioprofessionnelle différente de celle de leur père. Ce résultat souligne l'ampleur des progrès de la mobilité sociale au cours des quatre décennies qui suivent la fin de la Seconde Guerre mondiale.

La diminution de la reproduction sociale qui profite aux premiers nés du *baby-boom* est portée par deux dynamiques : les débuts de la massification scolaire et la forte croissance du salariat moyen et supérieur, portée par la tertiarisation de l'économie. Nous reviendrons plus loin sur la nature et l'intensité des progrès des taux de scolarisation ; contentons-nous ici de souligner que les générations nées entre la fin des années 1930 et la fin des années 1940 bénéficient d'une première « explosion scolaire[2] ».

1. Voir Louis-André Vallet, « Quarante années de mobilité sociale en France. L'évolution de la fluidité sociale à la lumière de modèles récents », *Revue française de sociologie*, vol. 40, n° 1, 1999, p. 5-64.

2. Claude Thélot et Louis-André Vallet, « La réduction des inégalités sociales devant l'école depuis le début du siècle », *Économie et Statistique*, n° 334, 2000, p. 3-32.

Ce sont elles qui tirent profit de l'application de la réforme Berthoin, laquelle, en 1959, repousse à 16 ans l'âge de la scolarité obligatoire et ouvre les portes du premier cycle du secondaire aux enfants des classes populaires.

Par ailleurs, la tertiarisation de l'économie qui accompagne la période de forte croissance se traduit par un bouleversement de la structure sociale. Si la part des ouvriers dans la population active augmente jusqu'en 1970, la part des cadres supérieurs et moyens grandit également tout au long de la période. Ces emplois, notamment ceux que Mendras rassemble sous le vocable de « noyaux innovateurs », constituent autant de voies de promotion sociale pour les enfants d'ouvriers ou d'agriculteurs.

Le poids de ces transformations structurelles est si important que la plupart des travaux cherchant à mesurer l'évolution de la mobilité sociale à partir des années 1970 concluent qu'elles expliquent à elles seules l'essentiel de l'augmentation des flux de mobilité. Autrement dit, si l'immobilité sociale diminue et si la part des enfants des classes populaires qui s'élèvent au-dessus de la condition de leurs parents augmente, ce n'est pas principalement parce que la société, dans son mode de fonctionnement intrinsèque, devient plus juste ou plus méritocratique ; c'est parce que la structure sociale dans son ensemble est aspirée vers le haut[1].

1. Traditionnellement, les sociologues distinguent la mobilité observée (l'ensemble des trajectoires de mobilité) de la fluidité sociale (ce qu'il reste de la mobilité sociale une fois prise en compte la mobilité structurelle). Les travaux internationaux qui s'attachent à mesurer l'évolution de la fluidité sociale concluent pour la plupart à son invariance temporelle (voir Robert Erikson et John Goldthorpe, *The Constant Flux*, Oxford, Clarendon Press, 1992). Plus récemment, des travaux utilisant des modèles statistiques plus poussés ont mis en évidence une très légère mais régulière augmentation de la fluidité sociale. Dans le cas français, voir Louis-André Vallet, « Quarante années de mobilité sociale… », art. cit., et, pour des éléments de comparaison européenne, voir Richard Breen (dir.), *Social Mobility in Europe*, Oxford, Oxford University Press, 2004.

Il n'en reste pas moins que la mobilité sociale progresse sensiblement durant la période des Trente Glorieuses et que le destin des enfants des classes populaires s'éclaircit : la diminution de la reproduction sociale, signe d'une porosité plus grande des catégories sociales, est un élément essentiel des théories de la moyennisation de la société française, et au-delà, des sociétés européennes.

La montée du déclassement

Nombre d'arguments et d'indicateurs mobilisés par les théoriciens de la moyennisation peuvent être contestés. Si les progrès de la mobilité sociale sont indéniables, deux nuances de taille doivent être apportées. D'abord, l'essentiel de la diminution de l'immobilité sociale se produit entre le début des années 1950 et la fin des années 1970. Les chiffres cités plus haut indiquent que la proportion d'individus appartenant à la même catégorie socioprofessionnelle que leur père demeure relativement stable depuis l'enquête de 1977, tendance confirmée par la dernière édition de l'enquête « Formation et qualification professionnelle » de l'INSEE[1]. Ensuite, l'essentiel de ces trajectoires de mobilité est de faible amplitude. Elles sont l'œuvre d'enfants d'ouvriers qui deviennent employés ou d'enfants de père exerçant une profession intermédiaire qui accèdent à un emploi de cadre : rares, toutefois, demeurent les trajectoires qui permettent de traverser une partie significative de l'espace social.

Autre exemple : celui des inégalités de salaires entre les différentes catégories sociales. En moyenne, les cadres ont des

1. Stéphanie Dupays, « En un quart de siècle, la mobilité sociale a peu évolué », *Données sociales*, INSEE, 2006.

salaires 3,8 fois plus élevés que les ouvriers au début des années 1970. Vingt ans après, le rapport n'est plus que de 1 à 3. La diminution des inégalités de salaires semble très significative, à ceci près qu'elle ne concerne que les salariés à temps complet : si l'on considérait l'ensemble des salariés, à temps complet et à temps partiel (situation dont personne n'imagine qu'elle est toujours volontaire), le rapport serait beaucoup plus élevé. De la même manière, les déciles de revenus sur lesquels se basent les publications officielles regroupent vers le haut des situations très hétérogènes. Seul un découpage plus fin permet d'observer l'explosion des hauts revenus depuis le début des années 2000, qui, de fait, creuse considérablement les inégalités économiques[1], sans même évoquer la mesure du patrimoine, qui demeure bien imparfaite malgré d'importants efforts réalisés par l'INSEE au cours des dernières années.

Au-delà de la critique de certains indicateurs parfois hâtivement mobilisés, la remise en cause des théories de la moyennisation tire plus profondément ses arguments du grand retournement qui s'opère à partir des années 1970. Ce dernier a été abondamment décrit. Reprenant l'expression de Karl Polanyi, Robert Castel évoque une « grande transformation » qui bouleverse le vieux capitalisme industriel et affecte « les manières de produire, d'échanger, et les modes de régulations qui s'étaient imposés sous le capitalisme industriel[2] ». Étroitement liés à la mondialisation des échanges, ces bouleversements plongent les sociétés occidentales dans une crise durable. Nombre de phénomènes scrutés aujourd'hui émergent dès la fin des années 1970 : chômage, précarisation des contrats de travail, difficultés, voire

1. Camille Landais, « Les hauts revenus en France (1998-2006) : une explosion des inégalités ? », *Paris School of Economics*, juin 2007.

2. Robert Castel, *La Montée des incertitudes*, *op. cit.*, p. 15.

pauvreté de la jeunesse sont désormais des dynamiques structurelles dont l'origine est ancienne.

La forte croissance a eu d'importants effets sur l'expérience et les anticipations des individus et des groupes. Si les inégalités demeuraient fortes, le compromis social du capitalisme industriel permettait à chacun, au-delà de sa situation du moment, d'espérer une amélioration sensible de ses conditions de vie à brève échéance et à un rythme soutenu (en 1968, le salaire minimum augmente de 35 % lors des accords de Grenelle !). Aujourd'hui, la dynamique s'est inversée, et ce dans toute l'Europe. Interrogés dans les enquêtes Eurobaromètre, les Européens sont très majoritairement convaincus que leurs enfants ne pourront pas vivre aussi bien qu'eux[1].

Cette angoisse n'est qu'un élément d'une dynamique plus générale : celle de la peur du déclassement et, à bien des égards, celle du déclassement lui-même. Apparu dans le débat public dans la seconde moitié des années 2000, le concept de déclassement est propice à la polémique tant il s'avère polysémique. Déclassement entre les générations (lorsque des enfants connaissent une situation moins favorable que leurs parents), déclassement des diplômés (lorsque les emplois occupés ne sont pas à la hauteur des qualifications), déclassement au cours du cycle de vie (lorsqu'un événement-rupture provoque une dégradation des conditions de vie) : ces trois définitions du phénomène peuvent être chacune appréhendées par des indicateurs différents[2].

1. À ce sujet, on tend souvent à exagérer le pessimisme des Français comparé à celui de leurs voisins. Certes, avec une proportion en 2006 de 76 % de Français indiquant que leurs enfants vivront moins bien qu'eux, ces derniers se montrent les plus pessimistes, mais dans le cadre d'une Europe elle aussi majoritairement pessimisme (la moyenne est de 65 %).

2. Sur ce point, voir le dossier « La montée du déclassement », *Problèmes politiques et sociaux*, n° 976, La Documentation française, septembre 2010.

Au-delà de ces débats sémantiques, l'argument de la montée du déclassement depuis la fin des années 1970 renvoie à la précarisation croissante des conditions de vie de pans entiers de la population. Pour schématiser, depuis la fin des années 1970, le déclassement grignote lentement la structure sociale par le bas. En décomposant le prix de vente d'une paire de chaussures de sport vendue aux États-Unis et en soulignant la très faible part de ce prix de vente revenant aux travailleurs ayant fabriqué l'objet, Daniel Cohen met en évidence la manière dont, dans une économie mondialisée, « l'étape du milieu, celle de la fabrication, devient inessentielle et peut être externalisée[1] ». Cet exemple permet d'illustrer ce que ces nouvelles règles du jeu font aux travailleurs. Les premiers déclassés ont ainsi été les premiers « chômeurs de masse » qui apparaissent dès la fin des années 1970, lorsque le taux de chômage dépasse la barre des 5 %. Au-delà des individus privés d'emploi, la précarisation croissante du contrat de travail (avec l'introduction des CDD à la fin des années 1970, la montée de l'intérim, les emplois aidés, le temps partiel subi) finit par faire apparaître des « travailleurs pauvres », dont le nombre varie désormais entre 1 et 2 millions selon le seuil de pauvreté retenu[2].

Aujourd'hui, les débats sur le déclassement en viennent à interroger la position dans l'espace social des classes moyennes, lesquelles seraient à leur tour déstabilisées. Si ces débats sont parfois excessifs, tant ces « classes moyennes » demeurent en réalité difficilement définissables, plusieurs travaux laissent en revanche entrevoir des difficultés croissantes pour les individus et les groupes situés à l'interface entre le haut des classes populaires et le bas des classes moyennes. Ces difficultés s'observent d'un point de

1. Daniel Cohen, *Trois Leçons sur la société post-industrielle*, Paris, Seuil / La République des Idées, 2006, p. 52-53.

2. Denis Clerc, *La France des travailleurs pauvres*, Paris, Grasset, 2008.

vue objectif, lorsque l'on considère par exemple la structure du budget d'individus ayant des revenus autour du salaire médian[1] ou, d'un point de vue subjectif, lorsque des groupes sociaux se sentent déclassés[2].

S'il n'est pas incongru, du point de vue de la psychologie sociale, que la peur du déclassement excède la fréquence réelle du phénomène, l'augmentation de cette dernière n'est pas contestable[3]. Or, qu'il soit angoisse ou réalité, le déclassement a des effets importants sur la structure sociale. À la manière d'un poison, il vient progressivement saper la cohésion sociale en instaurant des tensions parfois très fortes entre des individus ou des groupes pourtant objectivement proches dans l'espace social. Par exemple, la critique récurrente des « assistés », dirigée contre les bénéficiaires de l'aide sociale, est en grande partie nourrie par la « conscience sociale triangulaire » qui prospère au sein de ces catégories « petites-moyennes », ayant le sentiment d'être prises en étau entre ceux « d'en haut », les « gros », et ceux « d'en bas », les « assistés »[4].

1. Voir Régis Bigot, « Les classes moyennes sous pression », *Consommation et modes de vie*, Credoc, n° 219, mars 2009. Il estime notamment à moins de 300 euros mensuels le montant restant à un individu gagnant 1 500 euros par mois, une fois effectuées les dépenses incompressibles. Voir également, concernant le logement, Jérôme Accardo et Fanny Bugeja, « Le poids des dépenses de logement depuis vingt ans », *Cinquante ans de consommation en France*, INSEE Référence, 2009.

2. Marie Cartier *et al.*, *La France des « petits-moyens ». Enquête sur la banlieue pavillonnaire*, Paris, La Découverte, 2008.

3. Voir Éric Maurin, *La Peur du déclassement*, Paris, Seuil / La République des Idées, 2009.

4. Cette conscience sociale triangulaire est théorisée par Olivier Schwartz, « Vivons-nous encore dans une société de classes ? Trois remarques sur la société française contemporaine », *La Vie des Idées*, septembre 2009.

Mobilité des uns, immobilité des autres

Ce qui se joue dans les années 1970 est donc bien davantage que la fin des Trente Glorieuses. Les profondes transformations du capitalisme et la mondialisation des échanges font exploser le compromis salarial du capitalisme industriel et fragilisent une frange croissante de la population. Ces mutations viennent également briser l'espoir de voir naître une société de la connaissance ou de l'information, maintes fois annoncée dans les années 1960 et 1970. En effet, loin d'avoir disparu, les emplois routiniers ou d'exécution ont augmenté au cours des dernières années.

TABLEAU 1
Évolution de la part des employés et des ouvriers en emploi (1989-2009)

	Ouvriers		Employés		Ouvriers + employés	
	En milliers	*En %*	*En milliers*	*En %*	*En milliers*	*En %*
1989	6 030	28	5 830	27	11 860	55
1994	5 680	26	6 060	28	11 740	54
1999	5 940	26	6 490	29	12 430	55
2004	5 830	24	7 020	29	12 850	53
2009	5 540	22	7 410	29	12 950	51

Source : enquêtes Emploi, INSEE.
Champ : actifs en emploi.

Si la part de l'industrie a sensiblement diminué parmi les actifs en emploi, et si les cadres et professions intellectuelles supérieures représentent désormais 16 % de la population active, il reste en 2009 plus de 5,6 millions d'ouvriers, représentant encore 22 % de la population active. Ajoutés aux 7,4 millions d'employés, ils constituent un ensemble de près de 13 millions de salariés occupant des emplois d'exécution. Loin d'avoir disparu, les travailleurs « routiniers » représentent près de 51 % des actifs occupés. Si cette proportion a diminué au cours des vingt dernières années (elle était de 55 % en 1989), le nombre absolu d'ouvriers et d'employés a quant à lui augmenté de 1,1 million, en raison de la hausse de la population active.

La société « moyenne » trouve ici ses limites : plus d'un emploi sur deux demeure un emploi d'ouvrier ou d'employé. Les considérations quantitatives ne doivent toutefois pas occulter les transformations à l'œuvre dans le bas de la structure sociale. Outre la tertiarisation des emplois, il faut prendre en compte la pertinence croissante du clivage entre non-qualifiés et qualifiés, qui supplante progressivement le clivage entre employés et ouvriers. Des travaux récents ont montré que les non-qualifiés, ouvriers ou employés, étaient de plus en plus un segment à part de la main-d'œuvre, représentant presque une « nouvelle classe sociale[1] ». Ces 5,5 millions de non-qualifiés se distinguent objectivement des autres ouvriers et employés, et d'abord du point de vue du salaire et du niveau de vie, sensiblement plus faibles que le reste des salariés[2]. Ces métiers, où sont surreprésentés les femmes, les jeunes, les moins diplômés et les immigrés, sont aussi ceux qui imposent des conditions de travail plus pénibles que le reste des emplois d'exécution.

Pour les actifs qui les occupent, ces emplois non qualifiés représentent un risque de confinement ou d'assignation, car « la

1. Thomas Amossé et Olivier Chardon, « Les travailleurs non qualifiés : une nouvelle classe sociale ? », *Économie et Statistique*, n° 393-394, 2006, p. 203-229.

2. Yannick Jauneau, « Les employés et ouvriers non qualifiés. Un niveau de vie inférieur d'un quart à la moyenne des salariés », *INSEE Première*, n° 1250, juillet 2009.

sphère des postes non qualifiés offre peu de connexion avec la sphère des emplois qualifiés [1] ». Cette discontinuité croissante entre emplois qualifiés et non qualifiés participe d'un mouvement de polarisation de la structure sociale beaucoup plus vaste et directement lié à l'empreinte de la mondialisation des échanges. Dans la lignée du travail désormais classique de Robert Reich [2], de nombreux travaux mettent en évidence une polarisation croissante sur le marché du travail et, par conséquent, parmi les salariés.

Sur le marché du travail, l'écart se creuse entre les professions hautement qualifiées et les emplois « peu qualifiés ». Parmi les salariés, les trajectoires divergent considérablement entre les cadres préparés à la mondialisation de l'économie, dotés des compétences qui leur permettent de se muer en « entrepreneurs de leur propre carrière » (pour reprendre l'expression de Robert Castel), et les ouvriers ou employés peu diplômés, issus des secteurs malmenés par l'ouverture des échanges et dont les ressources les rendent peu capables de faire face à la désormais sacro-sainte exigence de « mobilité ». Anne-Catherine Wagner a décrit la manière dont la mondialisation construit ainsi de nouvelles polarisations sociales : d'un côté, « les manipulateurs de symboles, ces professions hautement qualifiées » qui œuvrent dans le secteur juridique ou dans la finance, « toujours prêts à déplacer leurs maisons, leurs laboratoires et leurs bureaux » ; de l'autre, « les non-qualifiés, les travailleurs routiniers de plus en plus concurrencés par les travailleurs des pays pauvres [3] ». Si le cosmopolitisme des classes les

1. Philippe Alonzo et Olivier Chardon, « Quelle carrière professionnelle pour les salariés non qualifiés ? », *Données sociales*, INSEE, 2006, p. 265-272. Sur cette question des non-qualifiés, voir José Rose, *Qu'est-ce que le travail non qualifié ?*, Paris, La Dispute, 2012.

2. Robert Reich, *The Work of Nations. Preparing Ourselves for the XXIst Century Capitalism*, New York, Knopf, Simon & Schuster, 1991.

3. Anne-Catherine Wagner, *Les Classes sociales dans la mondialisation*, Paris, La Découverte, 2007, p. 25.

plus favorisées les dispose à tirer profit de la mondialisation[1], cette dernière renvoie les plus fragiles à la faiblesse de leurs ressources et précarise les existences d'un nombre croissant d'individus, à mesure que le déclassement grignote par le bas la structure sociale.

Cette polarisation de la structure sociale est d'autant plus spectaculaire qu'elle s'incarne dans une proximité spatiale qui la rend particulièrement concrète, dans certains quartiers des « villes globales »[2] : là évoluent côte à côte les cadres très qualifiés, monnayant chèrement leurs compétences sur le marché du travail, et les employés des services, souvent précaires et sous-payés. Cette coexistence entre gagnants et perdants de la mondialisation est également présente dans les théories du *care* : les « pourvoyeurs de soin » sont des assistantes maternelles, des femmes de ménage, des aides à domicile, embauchées directement par les particuliers et qui finissent par composer « une armée de l'ombre reléguée dans les coulisses d'un monde de la performance » où triomphent précisément ceux qui achètent leur temps de travail[3]. La part de ces emplois non qualifiés des services a sensiblement augmenté ces dernières années, frôlant la barre des quatre millions de personnes.

Les analyses distinguant « gagnants » et « perdants » de la mondialisation ne suffisent pas à épuiser la complexité des dynamiques à l'œuvre dans l'évolution de la structure sociale. Elles fournissent cependant une autre grille de lecture de la montée du déclassement : les individus et les groupes peu armés en ressources permettant de faire face à la compétition mondiale sont confrontés à une précarisation croissante et à des perspectives de mobilité assez limitées.

1. Michel Pinçon et Monique Pinçon-Charlot, *Grandes Fortunes : dynasties familiales et formes de richesse en France*, Paris, Payot, 1998.

2. Saskia Sassen, *The Global City. New York, London, Tokyo*, Princeton, Princeton University Press, 1991.

3. Entretien avec Pascale Molinier et Sandra Laugier, *Libération*, 14 mai 2010.

Une « moyennisation » subjective ?

Les sociologues sont parfois en retard sur la réalité sociale. C'est l'impression que l'on peut ressentir devant les théories de la moyennisation. En effet, lorsque Mendras décrit sa société « moyenne » au milieu des années 1980, les phénomènes évoqués plus haut sont déjà à l'œuvre. Les transformations du capitalisme et les nouvelles formes de polarisation sociale modèlent déjà la structure sociale. Un quart de siècle plus tard, les conséquences de ces mutations sont beaucoup plus visibles, au regard de l'extension des zones de précarité.

Si la moyennisation conserve une réalité tangible, c'est au niveau de l'identification subjective : depuis le début des années 1960, enquêtes et sondages montrent que la part des Français s'identifiant aux classes moyennes ne cesse d'augmenter, pour atteindre plus de 60 % au début des années 2000. Mais si les plus fortunés forment un groupe qui correspond à la définition marxiste d'une classe sociale (une classe *en soi*, partageant richesses économiques, sociales et culturelles, mais également une classe *pour soi* ayant des intérêts communs et sachant s'organiser pour les défendre), la question est beaucoup plus problématique pour les milieux populaires[1]. Néanmoins, après une période de réduction des inégalités et d'éclaircissement de l'horizon des classes populaires, la dynamique s'est inversée : la société moyenne n'est plus qu'un mirage.

La polarisation croissante de la structure sociale pose une difficulté théorique aux progrès de la « fluidité sociale ». Si cer-

1. De nombreux travaux expliquent les raisons de la déstructuration et de la désorganisation des classes populaires. Parmi eux, Stéphane Beaud et Michel Pialoux, *Retour sur la condition ouvrière. Enquête aux usines Peugeot de Sochaux-Montbéliard*, Paris, Fayard, 1999.

taines origines, certains milieux professionnels ou certains univers de vie divergent à nouveau, à quelles conditions la mobilité intergénérationnelle entre les groupes sociaux peut-elle se maintenir à un niveau élevé ? Les théories de la moyennisation ne reposent en effet pas uniquement sur l'évolution d'indicateurs économiques ou sociaux objectifs. L'argument central est bien celui d'une attraction et d'un changement social conduits par les couches moyennes nouvelles, notamment du point de vue de la mobilité sociale. L'émergence puis la croissance d'une vaste constellation centrale offraient autant de débouchés aux enfants des classes populaires.

Plusieurs travaux récents ont montré que les groupes habituellement regroupés sous le vocable de « classes moyennes » continuaient à croître numériquement[1]. Il s'agit donc moins de défendre l'idée d'une raréfaction des avenues de mobilité sociale potentielles que de compléter le paysage : la dynamique d'expansion des catégories moyennes est concomitante avec un autre mouvement, celui d'une force centrifuge qui creuse le fossé entre (au moins) une fraction des groupes sociaux les plus favorisés et (au moins) une fraction des classes populaires. Or, si ce mouvement assigne encore davantage les enfants de certaines catégories populaires à leur origine sociale, il rend potentiellement plus difficiles et plus coûteuses les trajectoires de promotion sociale. En un mot, il pose la question de l'intensité de la reproduction sociale.

1. Par exemple, entre 1989 et 2009, la part des professions intermédiaires dans la population active en emploi a augmenté de 4 points pour atteindre 24 %.

CHAPITRE 2

Vingt-cinq ans de reproduction sociale

En 2010, un rapport publié par l'Organisation internationale du travail a mis en garde contre les conséquences dramatiques de l'émergence, au niveau mondial, d'une « génération sacrifiée ». Deux années après l'explosion de la crise financière, 81 millions de jeunes âgés de 15 à 24 ans sont alors au chômage dans le monde, soit près d'un jeune sur sept. Quant à ceux qui travaillent, ils sont surreprésentés parmi les travailleurs pauvres. En fin de compte, les jeunes paient un tribut particulièrement lourd à la crise : tandis que le taux de chômage progresse de 1,5 point dans l'ensemble de la population au cours de l'année 2008, il grimpe de près de 4 points parmi les 15-24 ans.

Aujourd'hui, quatre ans après la secousse de l'automne 2008, les ordres de grandeur demeurent identiques. Plus de 16 % des jeunes actifs sont privés d'emploi dans les pays de l'OCDE et, au total, près de 5,5 millions de jeunes de moins de 25 ans sont confrontés au chômage dans l'Union européenne. Dans la seule zone euro, le nombre de jeunes chômeurs a augmenté de plus de 200 000 entre 2011 et 2012. La France figure parmi les mauvais élèves, puisque 22 % des jeunes actifs sont à la recherche d'un emploi (la situation est toutefois moins grave qu'en Espagne, où la moitié des jeunes sont au chômage).

De tels chiffres tranchent singulièrement avec le sort des générations précédentes. Nées dans les années 1940, les premières cohortes du *baby-boom* ont bénéficié de l'ouverture scolaire en accédant, pour la première fois, à l'enseignement secondaire. Associée à l'aspiration vers le haut de la structure des emplois, cette augmentation des taux de scolarisation a permis aux générations de l'immédiat après-guerre, souvent nées de parents ouvriers ou paysans, de s'élever en nombre au-dessus de leur milieu d'origine. Lorsque prend fin, dans les années 1970, la période de forte croissance, les conditions de l'insertion sur le marché du travail se détériorent sensiblement pour les cohortes nées au tournant des années 1960. De nombreux travaux empiriques permettent de mesurer ces inégalités entre générations.

La fin du « progrès générationnel » ?

Le travail de Louis Chauvel constitue une thèse au sens fort du terme[1] : si les inégalités entre les groupes sociaux demeurent centrales, la prise en compte des inégalités entre les générations est essentielle à la compréhension du processus de stratification sociale. À origine ou position sociales équivalentes, les « chances de vie » des générations successives peuvent différer sensiblement selon les événements et le contexte économique.

Dans les années 1990, l'intensité des inégalités entre les générations apparaît avec force dans de nombreux tra-

1. Louis Chauvel, *Le Destin des générations. Structure sociale et cohortes en France au XXe siècle*, Paris, PUF, 1998.

vaux. En termes de salaire, on constate l'accroissement des écarts entre tranches d'âge, au détriment des plus jeunes. Le phénomène relève d'un effet de génération : si, pendant les Trente Glorieuses, le salaire des nouveaux entrants sur le marché du travail s'élevait au fil des cohortes, ce mouvement s'interrompt puis se renverse à partir du milieu des années 1970[1]. La lecture par cohorte permet de mesurer une hausse du salaire moyen entre les générations nées en 1916 et celles nées au milieu des années 1940, puis une diminution pour celles nées dans les années 1950 et au début des années 1960. Par ailleurs, entre la cohorte née en 1956 et celle née en 1976, le salaire annuel des femmes diminue de 7 % et celui des hommes de 4 %[2].

Outre la dimension salariale, c'est aussi le déroulement de la carrière qui se transforme. Si l'allongement de la transition entre la fin des études et l'accès à un emploi stable précarise le début de carrière des jeunes générations, c'est plus largement le rythme de la mobilité professionnelle qui est modifié. Tandis que les premières cohortes du *baby-boom* pouvaient accéder à un emploi d'encadrement jusque tard dans la carrière, à l'ancienneté, le destin se joue beaucoup plus tôt pour les générations suivantes : en raison du poids croissant du diplôme, les positions sont relativement figées dès l'âge de 35 ans[3].

Autre élément : si les perspectives de mobilité sociale se sont nettement améliorées pour les générations nées dans les années 1940, elles se dégradent sensiblement pour celles nées au début des années 1960 : les trajectoires ascendantes des enfants

1. Christian Baudelot et Michel Gollac, « Le salaire du trentenaire : question d'âge ou de génération ? », *Économie et Statistique*, n° 304-305, 1997, p. 17-35.

2. Malik Koubi, « Les carrières salariales par cohorte de 1967 à 2000 », *Économie et Statistique*, n° 369-370, 2003, p. 149-171.

3. Malik Koubi, « Les trajectoires professionnelles : une analyse par cohorte », *Économie et Statistique*, n° 369-370, 2003, p. 119-147.

des classes populaires deviennent plus difficiles et plus rares, tandis que les trajectoires descendantes se font plus nombreuses pour les enfants de cadres[1]. Au-delà de la situation sur le marché du travail, d'autres inégalités se font jour, qui pèsent sur les conditions de vie des générations. C'est le cas en matière de logement : alors que les cohortes nées dans les années 1940 sont massivement propriétaires au début des années 1980, la situation se dégrade fortement pour celles nées vingt ans après, le poids des dépenses de logement dans le budget des ménages augmentant de manière très sensible[2].

En fin de compte, la structure générationnelle de la société française s'apparenterait à une « gérontoclassie » dans laquelle les statuts, le pouvoir et la richesse seraient confisqués par les générations plus anciennes, au détriment des plus jeunes[3]. La « loi du progrès générationnel » serait alors remise en cause et, pour la première fois en temps de paix, une génération serait confrontée à des conditions d'existence moins favorables que la précédente. Il est important de noter qu'une telle démonstration n'est pas exclusivement française. Dès le début des années 1990, des travaux décrivent des tendances analogues au sein de la société américaine : confrontés aux mêmes dynamiques économiques, les cohortes nées dans les années 1960 seraient confrontées à la fin du « rêve américain » et emprunteraient des chemins très différents de ceux qui s'étaient ouverts à leurs parents[4].

1. Camille Peugny, « Éducation et mobilité sociale : la situation paradoxale des générations nées dans les années 1960 », *Économie et Statistique*, n° 410, p. 23-45.

2. Laurent Fauvet, « Le poids du logement dans le budget des ménages : une approche historique et générationnelle », *Dossier du compte du logement provisoire*, CGDD, 2009, p. 47-72.

3. Christian Baudelot et Roger Establet, *Avoir Trente ans en 1968 et 1998*, Paris, Seuil, 2000, p. 61.

4. Voir Katherine Newman, *Declining Fortunes : The Withering of the American Dream*, New York, BasicBooks, 1993, et Annette Bernhardt *et al.*, *Divergent Paths.*

Qu'ils soient français ou étrangers, ces travaux interrogent différents aspects du processus de stratification, mais ils concluent tous à l'existence d'inégalités significatives entre les générations, au détriment des cohortes nées dans les années 1960 (comparées à celles nées dans les années 1940). En effet, les générations nées au tournant des années 1960 sont les premières à faire face au « grand retournement » de la conjoncture et à tenter de s'insérer sur un marché du travail très dégradé. Au début des années 1980, le taux de chômage des jeunes actifs est ainsi à un niveau tout à fait comparable à celui observé au début des années 2010 (environ 20 % parmi les jeunes sortis de formation initiale depuis moins de 4 ans). Si ce taux de chômage fluctue en fonction de la conjoncture économique, descendant à 15 % lors des brèves périodes de reprise à la fin des années 1980 ou 1990, il se maintient à un niveau élevé sur l'ensemble de la période.

Par conséquent, c'est bien la situation des *baby-boomers* qui apparaît dans toute sa singularité : première génération depuis longtemps à ne pas subir les soubresauts de l'histoire, elle bénéficie, d'un point de vue économique, d'une très longue période de prospérité et de transformations structurelles qui lui permettent de s'élever par rapport aux générations précédentes, mais aussi au cours du cycle de vie. En revanche, pour les générations suivantes, les conditions s'obscurcissent très vite, et pour longtemps. Dès lors, si l'on omet le destin aberrant, au sens statistique du terme, des cohortes de l'après-guerre, quel sens donner au concept d'inégalités entre générations ? N'assisterait-on pas, davantage, à une succession de cohortes confrontées à une situation structurellement dégradée ? Autrement dit, l'augmentation des inégalités entre les générations, démontrée empiriquement à partir des années 1990 en référence à une génération bien particulière, ne

---

Economic Mobility in The New American Labor Market, *New York, Russel Sage Foundation, 2001.*

constitue-t-elle pas un effet d'optique, tandis que la vraie « stagnation générationnelle » apparaîtrait plus clairement aujourd'hui ?

Les inégalités au sein des générations

La prise en compte des inégalités entre les générations ne doit pas occulter les inégalités au sein des générations ou, pour le dire autrement, les inégalités intragénérationnelles. Trop souvent, au cours des dernières années, et au motif de dénoncer le comportement égoïste des *baby-boomers*, le débat public a figé deux générations artificiellement homogènes, des jeunes pauvres victimes de sexagénaires riches arc-boutés sur leurs acquis. Cette caricature n'épuise pas la complexité de la réalité sociale. D'abord, désigner des générations de « coupables » et des générations de « victimes » exonère un peu rapidement de leurs responsabilités certaines politiques publiques. Par exemple, si des comptes ou des régimes sont en déficit, ce n'est pas seulement parce qu'une génération aurait vécu au-dessus de ses moyens en faisant peu de frais des suivantes ; c'est aussi parce qu'un certain nombre de décisions politiques se sont traduites par des pertes substantielles de recettes.

Mais le principal argument est ailleurs : les inégalités sociales au sein d'une même génération demeurent béantes. Du côté des seniors, si le niveau de vie moyen des retraités s'est sensiblement élevé avec le départ à la retraite des premiers salariés aisés du *baby-boom*, il ne faut pas oublier que la majorité de ces derniers exerçaient des emplois d'ouvriers ou d'employés et bénéficient donc de pensions modestes. Parmi les actifs âgés de 55 à 59 ans en 2009, jeunes retraités des prochaines années, on compte moins de 20 % de cadres et 50 % d'employés ou ouvriers.

Cette hétérogénéité des générations est tout aussi visible parmi les jeunes, trop souvent décrits comme un groupe homogène et unifié, alors que, plus que jamais, « la jeunesse n'est qu'un mot ». Certes, les étudiants ne sont plus nécessairement les « héritiers » décrits par Bourdieu et Passeron voici presque cinquante ans, mais la jeunesse étudiante ne constitue qu'une fraction d'individus parmi d'autres « jeunesses ». En 2009, 41 % des 18-25 ans étaient des actifs en emploi, 40 % des étudiants ou des élèves, 12 % des chômeurs, tandis que 7 % étaient inactifs. Au sein de ces différentes catégories de jeunes passent en outre des lignes de fracture importantes : les étudiants des grandes écoles, très majoritairement d'origine favorisée, partagent le qualificatif d'« étudiant » avec leurs homologues des premiers cycles universitaires qui, encore aujourd'hui, peuvent être les premiers de leur lignée à poursuivre des études dans l'enseignement supérieur. Or les uns et les autres n'ont pas les mêmes chances sociales.

Cette vision homogène de la jeunesse ne résiste pas non plus à l'analyse des valeurs et des attitudes politiques. L'image souvent véhiculée d'une jeunesse ouverte, tolérante et acquise au libéralisme culturel correspond peut-être aux sentiments de la majorité, mais ces valeurs ne constituent pas une référence pour tous les « jeunes ». En 2010, 23 % des 18-30 ans pensent que « la femme est faite pour avoir des enfants et les élever », 22 % veulent rétablir la peine de mort, 33 % pensent qu'il y a « trop d'immigrés en France », et 29 % jugent que l'on « parle trop de l'extermination des Juifs en France pendant la Seconde Guerre mondiale[1] ».

1. Enquête IPSOS réalisée pour le Laboratoire des idées du Parti socialiste à l'automne 2010 auprès d'un échantillon de 900 jeunes âgés de 18 à 30 ans.

Surtout, certains travaux tendent à mettre en évidence une intensification des inégalités sociales au sein des générations récentes. À l'exclusion professionnelle programmée des non-diplômés, condamnés à osciller entre emplois précaires et périodes de chômage en fonction des soubresauts de la conjoncture, s'oppose l'insertion relativement satisfaisante, à moyen terme, des gagnants de la compétition scolaire.

Par ailleurs, le poids de l'origine sociale se renforce, notamment en termes d'accès à la propriété. Si la faiblesse des taux d'intérêt a compensé en partie la hausse des prix de l'immobilier pour permettre aux jeunes d'accéder à la propriété dans une proportion à nouveau croissante depuis le début des années 2000, cette tendance générale dissimule des inégalités croissantes en fonction des revenus et de la catégorie sociale. Depuis le début des années 1990, l'écart entre les cadres et professions intermédiaires, d'une part, et les employés et ouvriers, de l'autre, a augmenté de 7 points chez les 25-34 ans et de 10 points chez les 35-44 ans[1]. L'origine sociale explique une bonne part de l'accroissement de ces inégalités d'accès à la propriété, en raison de la transmission du patrimoine des familles les plus fortunées. Cette tendance à la « repatrimonialisation » de la société française[2] explique que la fracture entre « gagnants » et « perdants » de la mondialisation passe au sein même des générations et, plus encore, qu'elle se transmet entre les générations.

1. Marie-Émilie Clerc, Olivier Monso et Erwan Pouliquen, « Les inégalités entre générations depuis le baby-boom », *L'Économie française*, INSEE, 2011, p. 47-67.

2. Louis Chauvel, « Les raisons de la peur : les classes moyennes sont-elles protégées de la crise ? », *Les notes de l'OFCE*, nº 18, avril 2012.

La précarisation des jeunes

Peu d'éléments ont été, jusqu'à présent, soumis au débat concernant les perspectives de mobilité sociale des générations nées à partir des années 1960. La mobilité sociale ne pouvant se mesurer avec un minimum de rigueur avant un certain âge[1], il faut attendre que les cohortes vieillissent suffisamment pour appréhender leur parcours dans les enquêtes statistiques. Toutefois, le suivi des cohortes successives, 5 à 8 ans après la fin des études initiales, fournit quelques aperçus intéressants.

Tout d'abord, la nature du contrat de travail continue à se dégrader et la part des emplois précaires (CDD, intérim ou contrats aidés) augmente parmi les individus sortis de formation initiale depuis 5 à 8 ans, atteignant 16 % à la fin des années 2000, pour les hommes comme pour les femmes. Il s'agit d'une multiplication par deux en un quart de siècle, pour les hommes, et d'une augmentation de 5 points pour les femmes[2].

La dégradation du contrat de travail pour les jeunes générations apparaît de manière encore plus sensible lorsque l'on examine la proportion des 15-24 ans employés en CDD ou en intérim, multipliée par 2,6 en un quart de siècle. Tandis que les plus âgés demeurent relativement à l'abri de cette forme de précarité, qui concerne un actif en emploi sur dix, un tiers des 15-24 ans en emploi sont concernés. En 1983, 78 % des 15-24 ans en emploi avaient un CDI ; ils ne sont plus que 49 % en 2010.

1. C'est l'argument de la « contre mobilité » ou de la nécessaire prise en compte de la mobilité en cours de carrière : mesurer la mobilité sociale d'individus trop jeunes reviendrait à méconnaître les effets de trajectoires de mobilité future.

2. En 2010, parmi les individus sortis de formation initiale depuis 5 à 8 ans, 66 % ont un CDI, 16 % un emploi précaire, 12 % sont chômeurs et environ 5 % sont indépendants.

FIGURE 1
Proportion d'emplois précaires selon l'âge

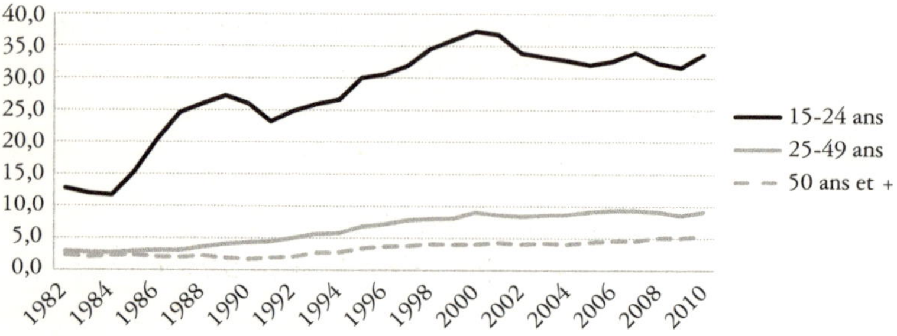

Source : enquêtes Emploi, INSEE, 1983-2010.
Note : L'enquête Emploi est réalisée en continu à partir de l'année 2003, ce qui occasionne une rupture de série. Cette remarque est valable pour l'ensemble des figures.

Du point de vue de la nature du contrat de travail, la situation des générations nées après les années 1960 (qui atteignent l'âge de 20 ans à partir de la fin des années 1980) se détériore donc continûment. En revanche, en ce qui concerne la catégorie socio-professionnelle de l'emploi occupé, on observe une hausse de l'accès au salariat d'encadrement. En effet, en 2009, 16 % des individus sortis de formation initiale depuis 5 à 8 ans exercent un emploi de cadre ou une profession intellectuelle supérieure (CPIS), contre 8 % en 1983. Cette évolution est identique à celle observée au sein de l'ensemble des actifs en emploi parmi lesquels la part des CPIS passe de 8 % à 16 % entre 1983 et 2009. Les jeunes actifs ne sont donc pas sous-représentés parmi les emplois d'encadrement supérieur. En revanche, ils sont surreprésentés parmi les emplois d'exécution : en 2009, 56 % des jeunes actifs exercent un emploi d'employé ou d'ouvrier, contre une proportion de 51 % parmi l'ensemble des actifs en emploi.

Hausse de l'accès au salariat d'encadrement (pour les uns) au prix d'une précarisation du contrat de travail (pour les autres), telle semble se dessiner l'évolution du destin des cohortes les plus récentes[1]. Ce panorama, très général, dissimule des disparités importantes en fonction de l'origine sociale. Dès lors que cette dernière est prise en compte, c'est un autre résultat qui apparaît avec force : au cours du dernier quart de siècle, l'intensité de la reproduction sociale a très peu diminué.

Le poids persistant de la reproduction sociale

Une première manière, très basique, de mesurer la reproduction sociale consiste à estimer la part d'individus appartenant à la même catégorie socioprofessionnelle (CSP) que leur père.

FIGURE 2
Part des individus appartenant à la même CSP que leur père

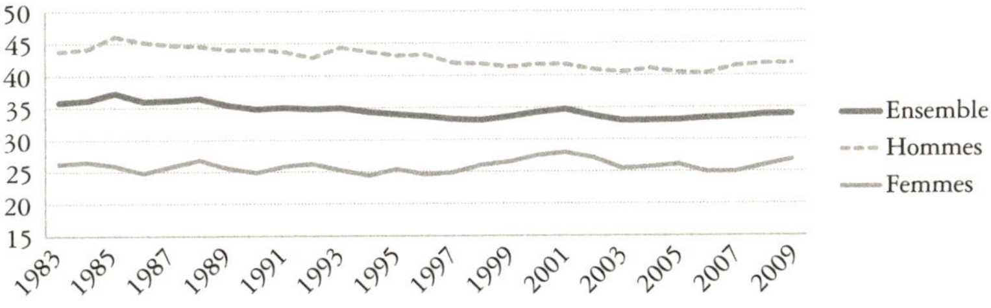

Source : enquêtes Emploi, INSEE, 1983-2010.
Champ : hommes et femmes sortis de formation initiale depuis 5 à 8 ans.

En 1983, 36 % des individus appartenaient à la même catégorie socioprofessionnelle que leur père. Plus de vingt-

1. À une nuance près : les individus sortis de formation initiale depuis 5 à 8 ans en 2009 ont eu le temps de s'insérer sur le marché du travail avant l'explosion de la crise financière de l'automne 2008. Les cohortes qui terminent leurs études depuis 2008 risquent de faire les frais de cette insertion dans un contexte nettement dégradé.

cinq ans après, la proportion est encore de 34 %. En 1983 comme en 2009, elle s'élève à près de 27 % pour les filles. Elle diminue de près de 2 points chez les hommes, s'élevant à 42 % en 2009. On observe donc une remarquable stabilité de la reproduction sociale au cours du dernier quart de siècle. En effet, cette diminution de 2 points s'explique par la seule diminution du poids des enfants d'agriculteurs devenant agriculteurs à leur tour : ces derniers représentaient 3 % de l'échantillon en 1983 et moins de 1 % en 2009.

Un tel résultat peut être lu et interprété de deux manières. Certains considéreront que, depuis plus de vingt-cinq ans, la société française est capable de redistribuer les positions entre les générations au point que les deux tiers des individus évoluent dans une catégorie socioprofessionnelle différente de celle de leur père. D'autres préféreront retenir que l'intensité de la reproduction, appréhendée par ce premier indicateur, s'est maintenue tout au long de la période : le lien entre l'origine sociale et la position occupée à l'âge adulte ne s'est pas desserré.

Cette seconde lecture prend d'autant plus de sens que cet indicateur est assez imparfait. D'abord, il peut laisser penser que la reproduction sociale serait moins forte pour les femmes que pour les hommes. Ce serait une erreur : si ces dernières semblent moins fréquemment reproduire la position paternelle, c'est avant tout parce que le bas de la structure sociale se révèle très sexué. Les employés sont massivement des femmes et les ouvriers des hommes, ce qui amène à sous-estimer la reproduction sociale des filles d'ouvriers.

Ensuite, cet indicateur ne doit pas laisser penser que deux tiers des individus seraient conduits à changer radicalement de groupe social. Au contraire, l'essentiel de ces trajectoires sont des trajectoires de faible amplitude et rares sont les individus qui traversent l'espace social. Parmi les enfants de salariés, 13 %

connaissaient en 1983 une trajectoire sociale d'ampleur[1] (15 % des hommes et 11 % des femmes). La proportion a certes augmenté, mais elle reste à un niveau relativement modeste, autour de 18 % (20 % pour les hommes, 16 % pour les femmes).

La reproduction « par le bas »

Le destin des enfants des classes populaires s'est-il éclairci au cours des trois dernières décennies ? Au début des années 1980, 49 % des enfants d'ouvriers sortis de formation initiale depuis 5 à 8 ans exerçaient un emploi d'ouvrier, contre environ 40 % à l'aube des années 2010. Cette diminution, de l'ordre de 18 %, est à rapprocher de la diminution générale de la part des ouvriers au sein de la population active. Supérieure à 30 % au début des années 1980, cette dernière s'établit à 22 % en 2009, soit une diminution de l'ordre de 30 %. Proportionnellement, la part d'enfants d'ouvriers reproduisant la position de leur père a moins diminué que la proportion d'ouvriers dans l'ensemble de la population active.

Mais, surtout, les recompositions qui s'opèrent dans le bas de la structure sociale incitent à rapprocher des ouvriers une part croissante des employés. Comme nous l'avons souligné dans le chapitre précédent, le clivage entre qualifiés et non-qualifiés tend à supplanter le clivage entre ouvriers et employés. Pour le dire autrement, un certain nombre d'employés, peu ou pas qualifiés, ne connaissent pas une expérience sociale très différente de celle des ouvriers. Classées parmi les « employés » dans la nomenclature des catégories socioprofessionnelles de l'INSEE, les

1. Il s'agit des enfants de cadres supérieurs devenant employés ou ouvriers, des enfants de père exerçant une profession intermédiaire devenant ouvriers, des enfants d'employés devenant cadres supérieurs ou des enfants d'ouvriers exerçant une profession intermédiaire ou accédant à un emploi de cadre supérieur.

caissières ne se distinguent pourtant des ouvrières ni par les conditions de travail, ni par les perspectives de carrière, ni par les revenus, ni par le prestige social.

Par ailleurs, la polarisation des emplois tend à opposer les emplois d'encadrement, d'une part (cadres et professions intellectuelles supérieures, professions intermédiaires), et les emplois d'exécution, de l'autre (employés et ouvriers). Certes, de nombreux travaux ont montré que derrière les titres des professions, un certain nombre de cadres n'encadraient pas, tandis que certains non-cadres encadraient de fait. Il n'en reste pas moins que, du point de vue de l'évolution des conditions de travail, et malgré le débat sur « le malaise des cadres », la satisfaction au travail se révèle socialement marquée.

Si un salarié sur deux se déclarait satisfait de son travail au début des années 2000, le taux de satisfaction augmente avec l'échelle des qualifications et des rémunérations : pour les cadres, le changement se traduit avant tout par « un surcroît de bonheur, au prix d'un investissement encore accru ». On observe la même chose pour les professions intermédiaires. Mais le constat est beaucoup moins favorable pour les employés, et pire encore pour les ouvriers. En définitive, si « le cocktail autonomie-intensification fait passer les cadres d'une forme de bonheur à une autre, il plonge les ouvriers dans le malheur[1] ». D'un point de vue tant objectif (salaires, conditions de travail, perspectives de carrière) que subjectif (rapport au travail), il semble ainsi apparaître une convergence entre la plupart des emplois d'ouvriers et les employés, de sorte que devenir employé lorsque l'on est issu d'une famille ouvrière s'apparente souvent à une forme de reproduction sociale.

1. Christian Baudelot et Michel Gollac, *Travailler pour être heureux ? Le bonheur et le travail en France*, Paris, Fayard, 2003, p. 72 et p. 323.

De ce point de vue, la part des enfants d'ouvriers devenant employé ou ouvrier diminue d'environ 10 points sur la période, passant de 83 % en 1983 à 73 % en 2009, avec des proportions et des évolutions sensiblement identiques pour les hommes et pour les femmes.

FIGURE 3

Part d'enfants d'ouvriers exerçant un emploi d'ouvrier ou d'employé

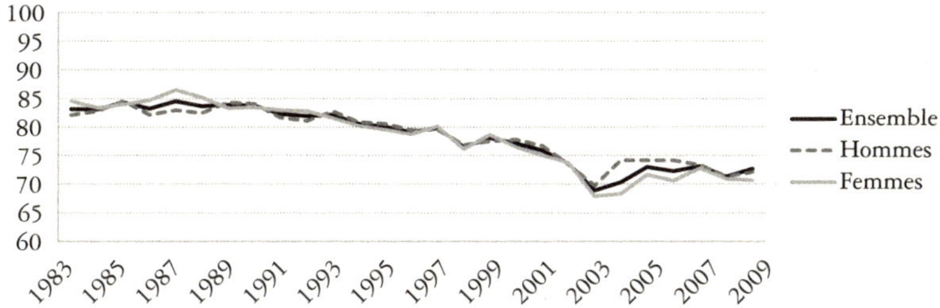

Source : enquêtes Emploi, INSEE, 1983-2010.
Champ : hommes et femmes sortis de formation initiale depuis 5 à 8 ans.

Le destin des enfants d'employés évolue de manière comparable.

FIGURE 4

Part d'enfants d'employés exerçant un emploi d'ouvrier ou d'employé

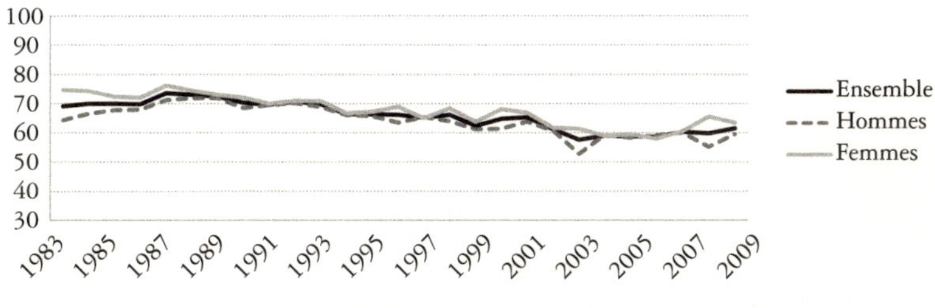

Source : enquêtes Emploi, INSEE, 1983-2010.
Champ : hommes et femmes sortis de formation initiale depuis 5 à 8 ans.

Entre 1983 et 2009, la part d'enfants d'employés exerçant un emploi d'ouvrier ou d'employé ne diminue que de 7 points, passant de 69 % à 62 %. La diminution est plus prononcée pour les filles (de 74 % à 63 %) que pour les fils (de 64 % à 60 %).

La probabilité de demeurer cantonné aux emplois d'exécution a donc légèrement diminué parmi les enfants d'ouvriers et d'employés, même si ce destin demeure largement majoritaire, concernant plus de 60 % des enfants d'employés et plus de 70 % des enfants d'ouvriers. Dans le bas de la structure sociale, la reproduction demeure bel et bien une régularité statistique.

La reproduction « par le haut »

On observe le même phénomène dans le haut de la hiérarchie sociale. Parmi les enfants dont le père exerce un emploi de cadre ou une profession intellectuelle supérieure (CPIS), la probabilité de reproduire ce statut augmente même assez sensiblement, passant de 33 % à 40 %. Ce mouvement d'ensemble dissimule des évolutions différentes selon le sexe : si cette probabilité n'augmente que de 2 points pour les hommes (de 42 % à 44 %), elle bondit de 14 points pour les femmes, atteignant 36 % en 2009. Si la reproduction sociale s'intensifie dans le haut de la structure sociale, c'est parce que les filles rattrapent leur retard sur leurs frères. Plus encore, si l'on additionne cadres supérieurs et professions intermédiaires (professions autrefois regroupées sous le vocable de « cadres moyens »), ce sont alors 72 % des enfants de cadres supérieurs qui accèdent à ces positions aujourd'hui, contre 65 % voici un quart de siècle.

FIGURE 5
Part d'enfants de CPIS exerçant un emploi de CPIS

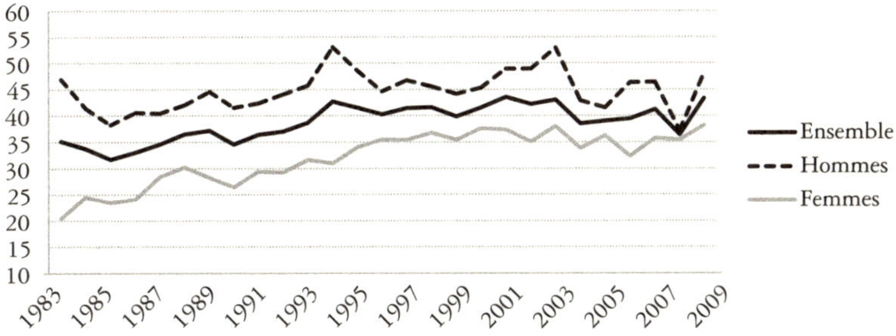

Source : enquêtes Emploi, INSEE, 1983-2010.
Champ : hommes et femmes sortis de formation initiale depuis 5 à 8 ans.

Lente diminution de la reproduction des enfants des classes populaires et intensification de celle des enfants des catégories aisées se conjuguent pour maintenir quasiment constantes les forces de la reproduction sociale. Au bout du compte, les inégalités demeurent relativement inchangées, comme le montre la figure 6. La probabilité d'accéder à un emploi d'encadrement augmente certes pour les enfants des classes populaires, mais également pour ceux qui étaient déjà les plus favorisés.

FIGURE 6
Proportion de cadres, professions intellectuelles supérieures et professions intermédiaires selon l'origine sociale

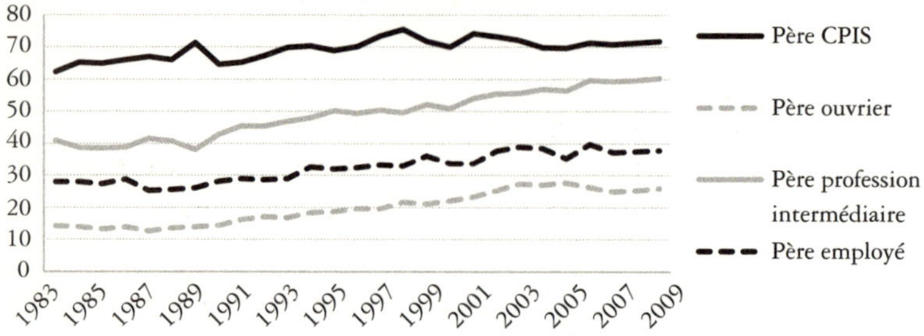

Source : enquêtes Emploi, INSEE, 1983-2010.
Champ : hommes et femmes sortis de formation initiale depuis 5 à 8 ans.

La hausse est en effet de 11 points pour les enfants d'ouvriers, mais également de 10 points pour les enfants de cadres. Là encore, deux interprétations sont possibles. Certains souligneront que plus de 45 points continuent à séparer les enfants des deux origines sociales et que les inégalités n'ont pas diminué, tandis que d'autres préféreront constater qu'en 2009 les enfants de cadres ont seulement trois fois plus de chances de devenir cadre ou profession intermédiaire que les enfants d'ouvriers (le rapport était de quatre en 1983). Si l'on considère uniquement la probabilité de devenir cadre ou profession intellectuelle supérieure, elle ne dépasse pas 5 % pour les enfants d'ouvriers, tandis qu'elle passe de 33 % à 39 % pour les enfants de cadres.

Diplômes et revenus : l'intensification de la reproduction

La catégorie socioprofessionnelle de l'emploi exercé n'est qu'un indicateur bien imparfait de la reproduction. Cette dernière, en effet, est également visible dans la transmission des diplômes au fil des générations, tout particulièrement dans le cas des titres universitaires.

En 2003 comme en 1993, les enfants nés de parents diplômés sont nettement favorisés dans l'accès aux diplômes de l'enseignement supérieur. Mais, bien plus encore, leur avantage s'est sensiblement accru en dix ans. En effet, en 1993, parmi les individus âgés de 30 à 39 ans, la probabilité d'être diplômé d'un deuxième ou troisième cycle universitaire était de 5 % pour ceux dont le père et la mère avaient au plus un certificat d'études primaires (CEP), et de 42 % pour ceux dont au moins un des deux parents était diplômé d'un second ou troisième cycle universitaire, soit une différence de 37 points. Une décennie plus tard, les probabilités sont respectivement de 6 % et 58 %, soit une différence de 52 points. Ce renforcement du poids du diplôme des parents s'observe également pour les individus dont l'un des parents est diplômé du supérieur court : la différence avec les individus dont les parents avaient au plus un CEP passe de 17 à 29 points.

Le rôle du capital culturel des parents est tel que son poids persiste à origine sociale équivalente, par exemple parmi les enfants de cadres.

TABLEAU 2
Probabilité (%) d'être diplômé d'un second ou troisième cycle universitaire

Diplôme des parents	1993	2003
Aucun diplôme ou CEP	14	20
Bac +2	28	42
Deuxième ou troisième cycle universitaire	44	61

Source : enquêtes « Formation et qualification professionnelle », INSEE, 1993 et 2003.
Champ : fils et filles de père cadre ou profession intellectuelle supérieure.
Lecture : en 1993, les enfants de père cadre, âgés de 30 à 39 ans et dont l'un des deux parents au moins était diplômé d'un bac+2, étaient 28 % à être diplômés d'un second ou troisième cycle universitaire. En 2003, ils sont 42 %.

En 1993, une différence de 30 points existait parmi les trentenaires fils ou filles de père cadre, selon que l'un des deux parents était lui-même diplômé d'un second ou troisième cycle universitaire, ou titulaire au plus d'un CEP. En 2003, toujours parmi les enfants de père cadre, cette différence s'élève à 41 points.

Le poids de cette reproduction culturelle a une traduction concrète dans le haut de la structure des diplômes : le mouvement de démocratisation des classes préparatoires et des grandes écoles se révèle très limité et circonscrit dans le temps. Des travaux réalisés au début des années 2000 ont montré qu'après une période de très relative ouverture dans les années 1960 et 1970, la sélectivité sociale des grandes écoles se renforçait à nouveau à partir des années 1980. Au début des années 2000, la probabilité d'intégrer une grande école était supérieure à 20 % pour les enfants de père exerçant un emploi de cadre supérieur, une profession libérale ou d'enseignant, mais demeurait inférieure à 1 %

pour la plupart des enfants d'ouvriers[1]. Plus récemment, les publications du ministère de l'Éducation nationale ont souligné le maintien des inégalités sociales dans l'accès aux classes préparatoires : en 2011 comme en 2001, 50 % des inscrits en classe préparatoire aux grandes écoles ont un père cadre supérieur ou exerçant une profession libérale, et seulement 6 % un père ouvrier[2].

Dans une société qui fait du diplôme le passeport pour accéder aux meilleurs emplois et aux catégories sociales supérieures, la compétition pour les titres scolaires est un enjeu crucial. De ce point de vue, ce n'est pas à une stabilité de la reproduction qu'il faut conclure, mais bien à une *intensification* : en dix ans, l'avantage des enfants de parents diplômés de l'enseignement supérieur s'est accru de manière significative. Pour le dire autrement, être issu d'une famille où les ressources culturelles sont faibles devient de plus en plus pénalisant.

Le niveau de revenu étant corrélé au niveau de diplôme, il n'est pas étonnant d'observer une reproduction des inégalités de revenus entre les générations : l'intensité de cette dernière n'a pas diminué au cours de la période récente[3]. Si la France apparaît, selon cet indicateur, moins immobile que les États-Unis, elle l'est davantage que les pays scandinaves. La transmission intergénérationnelle du revenu, très souvent mobilisée par les économistes pour mesurer le degré de fluidité des sociétés, a l'avantage de favoriser la comparaison internationale. De ce point de vue, les résultats sont convergents : contrairement à la croyance selon

1. Valérie Albouy et Thomas Wanecq, « Les inégalités sociales d'accès aux grandes écoles », *Économie et Statistique*, n° 361, 2003, p. 27-52.

2. « Les étudiants en classes préparatoires aux grandes écoles : rentrée 2011 », ministère de l'Éducation nationale, *Note d'information 12.02*, avril 2012.

3. Arnaud Lefranc et Alain Trannoy, « Intergenerational Earnings Mobility in France : Is France more Mobile than the US ? », IDEP, *Working Paper* n° 0401, février 2004.

laquelle les pays libéraux seraient plus mobiles, les États-Unis et, à un degré moindre, le Royaume-Uni sont des pays où la transmission des inégalités entre les générations reste très forte[1]. Par ailleurs, en Europe, la mobilité serait moins fréquente dans les pays du Sud, et la France serait dans une situation plus favorable, sans pour autant appartenir au groupe des sociétés plus mobiles.

Un important travail de comparaison conduit à distinguer trois groupes de pays. Parmi les sociétés moins mobiles figurent le Royaume-Uni et les États-Unis, ainsi que la France : on constate 40 à 50 % de transmission, de père en fils, d'avantages en matière de revenus. Un groupe de sociétés à mobilité moyenne comprend la Suède et l'Allemagne (environ 30 % de transmission intergénérationnelle). Enfin, dans le groupe des sociétés plus mobiles figurent le Danemark, la Norvège, la Finlande et le Canada (15 à 20 % de transmission entre les générations)[2].

Une synthèse récente consacrée à la transmission des inégalités de revenus et de diplômes au sein de l'OCDE confirme ces résultats : en matière de reproduction sociale, hormis la situation peu avantageuse du Royaume-Uni, on observe un gradient géographique. La reproduction sociale diminue du Sud vers le Nord et, au sein de ce palmarès, la France est certes mieux placée que l'Italie ou l'Espagne, mais moins bien que l'Allemagne et les pays scandinaves[3].

1. Voir par exemple Anders Björklund et Markus Jäntti, « Intergenerational Mobility of Socio-Economic Status in Comparative Perspective », *Nordic Journal of Political Economy*, n° 26-1, 2000, p. 3-22.

2. Miles Corak, « Do Poor Children Become Poor Adults ? Lessons From a Cross Country Comparison of Generational Earnings Mobility », *IZA Discussion Paper*, n° 1993, 2006.

3. Orsetta Causa *et al.*, « Intergenerational Social Mobility in European OECD Countries », *OECD Economics Department Working Papers*, n° 709, OECD Publishing, 2009.

De l'observation sociologique à l'action publique

En privilégiant l'indicateur de la profession exercée, nous n'éclairons qu'un aspect de la reproduction des inégalités entre les générations. Une analyse fine de la composition des élites ou, à l'autre extrême, de la grande précarité, mettrait en évidence une transmission d'autant plus intense des avantages et des désavantages sociaux. Il reste que la mesure de la mobilité sociale conduit à un constat sans appel : de toute évidence, le mouvement rapide de diminution de l'immobilité sociale observé dans les années 1950 et 1960 et décrit dans le premier chapitre est aujourd'hui stoppé. Au cours du dernier quart de siècle en effet, l'intensité de la reproduction sociale n'a pas diminué. Si, malgré une précarisation croissante du contrat de travail, les enfants des classes populaires accèdent davantage qu'au début des années 1980 au salariat moyen, des progrès de même ampleur s'observent chez les enfants de cadres et de professions libérales. En fin de compte, les inégalités ne diminuent pas et le régime de mobilité sociale demeure inchangé.

Si la persistance d'une telle reproduction sociale est à ce point problématique, ce n'est pas seulement parce qu'elle confirme l'existence d'une intense *inégalité des chances sociales*. Après tout, même si les enfants des classes populaires voyaient s'entrouvrir les portes du salariat d'encadrement de manière significative, au détriment des individus issus des milieux favorisés, la société ne pourrait s'estimer quitte de sa tâche d'égalisation des conditions. Devenir cadre, de toute évidence, n'est pas un but universel. Dès lors, ce qui fait problème, c'est l'extraordinaire dualisation des emplois qui plonge des millions de salariés d'exécution, ceux des services mais aussi ceux de l'industrie, dans une précarisation croissante de leurs conditions de vie : mauvaise rémunération, pénibilité de l'emploi, faible considération sociale, absence de perspectives en matière de formation ou d'évolution de carrière. Comment justifier que plusieurs millions d'individus soient ainsi abandonnés à leur sort ?

Les chiffres présentés plus haut concernent des individus sortis de formation initiale depuis moins de dix ans, si bien qu'il pourrait sembler un peu hâtif d'entériner définitivement leurs destins sociaux. Associée à la dualisation des emplois et à la transmission quasi héréditaire des statuts sociaux, la forte emprise du diplôme observée en France n'incite guère à l'optimisme tant elle contribue à fixer précocement le sort des individus.

Pourtant, l'éducation s'est largement diffusée dans la société depuis les années 1950. Des questions surgissent alors, volontairement tues jusqu'ici : comment expliquer que la reproduction des inégalités se maintienne à un niveau si élevé ? Comment expliquer que le destin des individus demeure à ce point lié à celui des parents, alors même que le niveau d'éducation ne cesse de s'élever au fil des générations ? Comment expliquer que le destin des enfants des classes populaires ne se soit pas davantage éclairci alors même qu'ils ont gagné plusieurs années de scolarité ? En un mot, comment expliquer que les cartes ne soient pas davantage rebattues au fil des générations ?

Le fait que sept enfants d'ouvriers sur dix exercent eux-mêmes des emplois d'exécution conduit à interroger l'efficacité de la « démocratisation » scolaire et universitaire. Plusieurs décennies après que Bourdieu et Passeron ont décrit les mécanismes par lesquels se perpétuent les inégalités sociales, il convient de questionner à nouveau la capacité du système éducatif français à enrayer les mécanismes de la reproduction.

CHAPITRE 3

Les angles morts de la démocratisation scolaire

Lorsque la Troisième République de Jules Ferry rend l'enseignement primaire gratuit et obligatoire, elle assigne à l'école une mission centrale : renforcer la cohésion sociale. Puisque, selon les mots d'Émile Durkheim, « la société ne peut vivre que s'il existe entre ses membres une suffisante homogénéité », alors l'éducation peut et doit renforcer cette homogénéité en fixant dans l'esprit de l'enfant « les similitudes essentielles que réclame la vie collective[1] ». Mais si l'école renforce la cohésion sociale, c'est aussi parce qu'elle se veut le vecteur de la mobilité sociale : elle accompagne l'avènement d'une société méritocratique dans laquelle les places se distribuent indépendamment de la naissance, en fonction des seuls mérites et capacités des individus. L'école offre donc un principe de régulation de la compétition sociale autour duquel peuvent se retrouver des individus issus de toutes les origines sociales.

Depuis soixante ans, le niveau d'éducation n'a cessé de s'élever au fil des générations. Jadis largement exclus de

1. Émile Durkheim, *Éducation et Sociologie*, Paris, Alcan, 1922.

l'enseignement secondaire, les enfants des classes populaires ont vu leurs scolarités se prolonger d'abord au collège, puis au lycée, jusqu'à voir s'ouvrir les portes de l'enseignement supérieur. Pourtant, au cours du dernier quart de siècle, l'intensité de la reproduction sociale n'a pas diminué et l'amélioration des perspectives des enfants d'employés et d'ouvriers n'a pas été à la hauteur de cette « explosion » scolaire.

Les limites de la massification scolaire

En 1962, Alain Girard et Henri Bastide coordonnent une grande enquête de l'INED consacrée à l'entrée en classe de sixième et réalisée auprès d'un échantillon représentatif de 20 000 élèves de septième (ou de CM2). En septembre 1962, seuls 55 % des enfants entrent en classe de sixième, tandis que plus de 40 % restent à l'école primaire ou dans les cours complémentaires du primaire supérieur, attendant l'âge de la fin de la scolarité obligatoire[1]. Le résultat est frappant : une petite moitié des enfants nés entre 1950 et 1952 ne fréquentera pas l'enseignement secondaire. Prenant conscience de la prochaine pénurie de techniciens, ingénieurs et autres salariés qualifiés dans un contexte de forte croissance économique, les pouvoirs publics rendent enfin effective la prolongation de la scolarité obligatoire (jusqu'à 16 ans) prévue par la loi Berthoin de 1959. Les portes de l'enseignement secondaire s'ouvrent alors pour les enfants des classes populaires ; les effectifs du premier cycle du secondaire augmentent de plus de 40 % entre 1960 et 1985.

1. Alain Girard, Henri Bastide et Guy Pourcher, « Enquête nationale sur l'entrée en sixième et la démocratisation de l'enseignement », *Population*, 1963, n° 1, p. 9-48.

L'étape suivante correspond à l'ouverture du lycée, lorsqu'est proclamé l'objectif d'amener 80 % d'une classe d'âge au niveau du baccalauréat. Le second cycle général et technologique, dont les effectifs étaient déjà passés de 420 000 à 1,1 million d'élèves entre 1960 et 1980, gagne encore près de 500 000 élèves entre 1980 et 1990[1]. Enfin, jadis largement exclus de l'enseignement supérieur, les enfants des classes populaires y font désormais leur entrée, de sorte que les étudiants ne sont plus uniquement les « héritiers » décrits dans les années 1960[2]. Entre 1960 et 2010, le nombre d'étudiants est multiplié par 7, passant de 300 000 à plus de 2,3 millions, dont 11 % ont un père ouvrier et 12 % un père employé.

Au cours des dernières décennies, l'école s'est ainsi considérablement transformée. Autrefois réservée aux enfants « bien nés », elle a vu ses effectifs exploser, tandis que les taux de scolarisation progressaient jusqu'à des âges de plus en plus élevés, au rythme de l'ouverture des différents niveaux du système éducatif aux enfants des classes populaires. Cette massification scolaire, d'une ampleur considérable, constitue l'une des transformations sociales majeures du dernier demi-siècle. Pour autant, une partie importante du chemin reste à parcourir et il convient de nuancer la portée de la massification scolaire, ce qui amène à contester quelques idées reçues.

Tout d'abord, et alors que l'accès de tous à une qualification était au cœur de la loi d'orientation votée sous l'impulsion de Lionel Jospin en 1989, plusieurs dizaines de milliers de jeunes sortent chaque année du système éducatif sans qualification. Les derniers chiffres pour les années 2007-2009 permettent d'estimer à environ 120 000 le nombre de sorties sans aucun diplôme

1. La plupart des chiffres mentionnés dans cette section proviennent de *Repères et Références statistiques*, ministère de l'Éducation nationale, 2011.

2. Pierre Bourdieu et Jean-Claude Passeron, *Les Héritiers*, *op. cit.*, 1964.

(65 000) ou avec au plus le brevet (57 000), soit presque 20 % de l'ensemble des sortants, condamnés à vie à alterner périodes de chômage et emplois précaires en fonction des aléas de la conjoncture. Ainsi, en 2010, 56 % des jeunes sortis sans diplôme du lycée l'année précédente sont au chômage, et 21 % en emploi, dont seulement 7 % en contrat à durée indéterminée. Tandis que se répand l'idée selon laquelle les « jeunes » seraient surdiplômés, moins de 40 % d'entre eux quittent le système scolaire avec un diplôme de l'enseignement supérieur, et un quart seulement avec un diplôme de niveau supérieur ou égal à la licence.

Autre idée reçue : on « donnerait » aujourd'hui le baccalauréat « à tout le monde ». Là encore, l'affirmation ne résiste pas à l'épreuve des faits. Si les classes de lycée se sont largement démocratisées et si le baccalauréat n'est plus un diplôme réservé à une petite élite, l'objectif des 80 % d'une classe d'âge au baccalauréat est loin d'être atteint : depuis le milieu des années 1990, la part des titulaires du baccalauréat ne progresse plus et reste en deçà des 65 %.

FIGURE 7
Proportion de bacheliers par génération

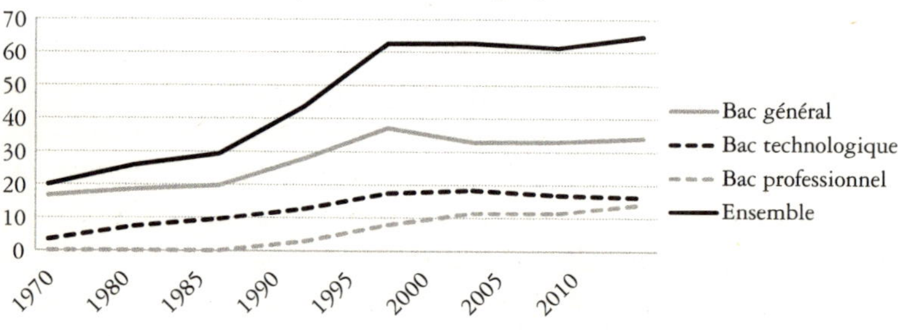

Source : *Repères et Références statistiques*, ministère de l'Éducation nationale, 2011.

Si l'on considère le seul baccalauréat général, son obtention ne concerne que 34 % d'une classe d'âge en 2010, proportion stable depuis plus d'une quinzaine d'années. Le « pic » de bacheliers au sein d'une génération, atteint en 2011 puis 2012, résulte alors de l'augmentation des effectifs du baccalauréat professionnel, tandis que le cloisonnement social des différentes filières tend à s'accentuer.

Par ailleurs, après le baccalauréat, le taux de poursuite d'études dans l'enseignement supérieur connaît une baisse assez sensible au milieu des années 2000, diminuant de 4 points pour les bacheliers généraux et technologiques [1], sans que ce décrochage ne semble compensé aujourd'hui. Ainsi, après avoir progressé de manière continue du début des années 1960 jusqu'au milieu des années 1990, l'espérance de scolarisation se stabilise puis diminue légèrement : un enfant entrant en maternelle en 1995 pouvait espérer une durée de scolarisation de dix-neuf ans, six mois de plus qu'en 2009 [2]. La dernière livraison de l'OCDE pour l'année 2012 confirme cette inquiétude : alors qu'entre 1995 et 2010, le taux de scolarisation des 15-19 ans a progressé de plus de 10 points dans l'OCDE, il a au contraire diminué en France, passant de 89 % à 84 %.

En fin de compte, si le niveau d'éducation s'élève au fil des générations et si les progrès des taux de scolarisation à tous les âges sont impressionnants sur le long terme, des zones d'ombre demeurent. Plus de 120 000 jeunes sortent chaque année sans aucun diplôme ou avec uniquement le brevet des collèges. Le pourcentage de bacheliers au sein d'une génération stagne depuis plus de quinze ans, à tel point que deux jeunes sur trois ne sont pas titulaires du baccalauréat général.

Dans une société où le diplôme exerce une forte emprise sur l'insertion professionnelle et le déroulement de la carrière, les

1. Ministère de l'Éducation nationale, « Les orientations post-baccalauréat. Évolution de 2000-2007 », *Note d'information* 09.15, juin 2009.

2. Ministère de l'Éducation nationale, *L'État de l'école*, 2010.

« vaincus » de la compétition scolaire conservent durablement les stigmates de leur échec. Le fait que les enfants des classes populaires soient surreprésentés parmi ces derniers contribue à maintenir un degré élevé de reproduction sociale. Ainsi, parmi les individus sortis de formation initiale avec au plus un brevet des collèges au cours des dernières années, 55 % ont un père ouvrier, 70 % une mère elle-même sans diplôme. Seuls 3 % ont un père cadre et moins de 2 % une mère diplômée de l'enseignement supérieur[1].

Par ailleurs, au-delà de ces nuances à apporter à l'élévation du niveau d'éducation des enfants des classes populaires, c'est la portée du mouvement de démocratisation scolaire qui doit être questionnée.

Quelle démocratisation scolaire ?

Au-delà de l'élévation des taux de scolarisation, il reste à mesurer la portée de la démocratisation des chances scolaires : dans quelle mesure la massification de l'enseignement a-t-elle permis de réduire les inégalités entre les différents groupes sociaux ? Là encore, le constat semble évident : dans l'enquête de l'INED de 1962, le taux d'entrée en classe de sixième variait de 32 % pour les enfants de salariés agricoles à 95 % pour les enfants de cadres supérieurs (45 % pour les enfants d'ouvriers, 67 % pour les enfants d'employés).

Aujourd'hui, les enfants d'ouvriers constituent près de 28 % des enfants scolarisés au collège, un poids tout à fait

1. Rachid Bouhia *et al.*, « Être sans diplôme aujourd'hui en France : quelles caractéristiques, quel parcours et quel destin ? », *Économie et Statistique*, n° 443, 2011, p. 29-50.

conforme à leur part dans l'ensemble de la population. Tandis que les enfants d'ouvriers nés dans les années 1930 n'étaient que 2 % à obtenir le baccalauréat, la proportion est de 49 % pour leurs homologues nés entre 1983 et 1987. De même, alors que les statistiques (lacunaires pour cette période) laissent entrevoir que les enfants d'ouvriers représentaient environ 5 % des étudiants au début des années 1960, leur proportion s'élève à 11 % en 2010, alors que leur part dans la population active a diminué. Collège, lycée, études supérieures : les enfants d'ouvriers et, plus généralement, des classes populaires ont franchi l'une après l'autre les différentes portes de l'enseignement. De ce point de vue, la démocratisation de l'école ne fait guère de doute.

Pourtant, depuis de nombreuses années, la portée de ce mouvement de démocratisation est sinon remise en cause, du moins sérieusement nuancée. En premier lieu, les progrès de la scolarisation des enfants des classes populaires ne doivent pas être surestimés : si leur part augmente à tous les niveaux, elle diminue rapidement au cours du cursus. Par exemple, 38 % des élèves de sixième en 1995 étaient enfants d'ouvriers (ou d'inactifs), mais sept ans après, ils ne représentent plus que 19 % des bacheliers généraux. À l'inverse, les enfants de cadres supérieurs voient leur proportion doubler, passant de 16 % à 33 %. Autrement dit, loin d'avoir disparu, les inégalités sont repoussées plus loin dans le cursus scolaire : en fin de compte, la structure des inégalités n'évolue que faiblement. Des chiffres plus récents soulignent par ailleurs à quel point l'élimination des enfants issus des milieux les moins favorisés peut être rapide et précoce : en 2011, les enfants d'ouvriers représentent 28 % des collégiens, mais seulement 19 % des lycéens généraux et technologiques.

De plus, si les enfants des classes populaires ont bénéficié de l'expansion de l'éducation, c'est aussi le cas des enfants issus de milieux plus favorisés, comme en témoigne l'évolution de la part des diplômés de l'enseignement supérieur en fonction de l'origine sociale.

FIGURE 8
Part des diplômés du supérieur en fonction de l'origine sociale

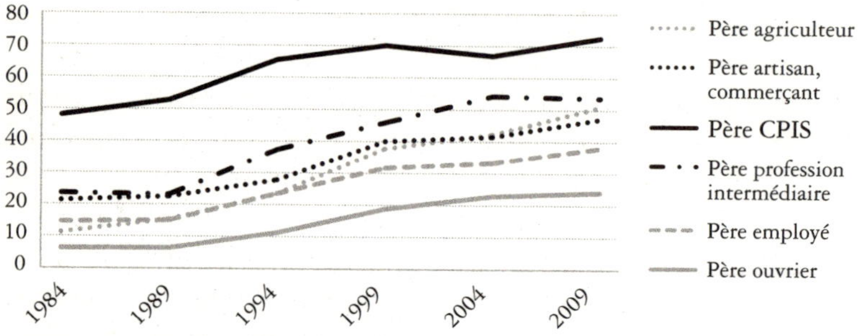

Source : enquêtes Emploi, INSEE.
Champ : individus sortis de formation initiale depuis 5 à 8 ans.

Entre 1984 et 2009, la part des enfants d'ouvriers diplômés de l'enseignement supérieur a augmenté de 18 points, passant de 6 % à 24 % ; mais, dans le même temps, ce pourcentage a augmenté de 24 points pour les enfants de cadres supérieurs, qui sont désormais 74 % à détenir un titre scolaire de ce niveau. On notera ici que c'est pour les enfants de père exerçant une profession intermédiaire que la proportion a le plus augmenté, passant de 23 % à 54 %, ce qui devrait amener à nuancer les analyses sur le décrochage des catégories intermédiaires et autres classes moyennes : du point de vue du devenir scolaire de leurs enfants, en tout cas, elles ont tout à fait pris leur part de l'expansion de l'éducation, ce qui a eu un effet assez net sur l'évolution des trajectoires professionnelles. Les enfants de père exerçant une profession intermédiaire sont ceux qui, sur la période, ont vu leur probabilité d'accéder à un emploi d'encadrement augmenter le plus nettement.

Si les catégories intermédiaires ont rattrapé une partie de leur retard sur les cadres supérieurs ou les professions libérales, c'est loin d'être le cas pour les enfants des classes populaires. Adoptant un autre angle d'analyse, Pierre Merle arrive à une conclusion similaire. Proposant de considérer l'éducation comme un bien parmi d'autres, il mesure l'évolution de l'âge de fin d'études par décile. Entre 1985 et 2010, les 10 % des individus les plus éduqués ont gagné 4 années de scolarisation (ils quittaient en moyenne l'école à 22 ans, contre 26 ans aujourd'hui), tandis que les 10 % des individus ayant le parcours scolaire le plus bref n'ont gagné que 1,3 année (ils quittent en moyenne l'école à 17 ans en 2010). Cette tendance semblant en outre s'aggraver dans la période la plus récente, Merle conclut que le surplus d'éducation diffusé depuis le début des années 1980 a eu un effet anti-redistributif, favorisant les favorisés et aggravant les inégalités[1].

Avec d'autres méthodes et d'autres données, Louis-André Vallet et Marion Selz parviennent à une conclusion compatible avec ces derniers constats : l'essentiel de la démocratisation de l'enseignement, telle qu'elle peut être observée en comparant les destins scolaires des catégories les plus favorisées à ceux des groupes les plus défavorisés, repose en réalité sur l'amélioration très significative des scolarités des enfants issus des catégories agricoles, désormais très peu nombreux. En revanche, la structure des inégalités entre les enfants d'ouvriers et les enfants de cadres supérieurs ou d'enseignants n'a pas évolué[2].

1. Pierre Merle, « À qui profitent les dépenses éducatives ? », *La Vie des Idées*, 22 mai 2012.

2. Louis-André Vallet et Marion Selz, « Évolution de l'inégalité des chances devant l'école : des méthodes et des résultats revisités », *Éducation et Formations*, n° 74, avril 2007, p. 65-74.

Filiarisation à tous les étages

Pour expliquer l'absence de réelle démocratisation scolaire, un autre argument – désormais bien connu – est celui de la filiarisation croissante du système éducatif. Au fur et à mesure que les taux de scolarisation progressent, les différents niveaux de l'enseignement voient leur structure se complexifier, avec la création de nouvelles filières. L'exemple le plus éloquent est probablement celui du baccalauréat. La création du baccalauréat technologique en 1968, puis celle du baccalauréat professionnel en 1985, contribuent beaucoup à la hausse du taux de bacheliers au fil des cohortes successives. Or ces différentes filières, qui ne préparent pas au même avenir, sont très clivées socialement : le tiers seulement des enfants d'ouvriers bacheliers de 2009 décrochent un baccalauréat général, contre les trois quarts des enfants de cadres supérieurs. En 2010, 36 % des candidats au baccalauréat professionnel ont un père ouvrier, contre seulement 15 % des élèves de classe de terminale générale.

Cette filiarisation se retrouve également dans l'enseignement supérieur. Nous avons souligné la relative ouverture de l'enseignement supérieur aux enfants des classes populaires. Même si l'université française est encore loin d'être aux couleurs de la société du point de vue de l'origine sociale des étudiants, les « chances symboliques » qu'avaient les familles défavorisées d'envoyer leurs enfants à l'université (mesurées par Bourdieu et Passeron au début des années 1960) ont augmenté de manière non négligeable. Les « élus » de l'université ne se recrutent plus uniquement parmi les seules familles fortunées, économiquement ou culturellement.

Toutefois, ici encore, des inégalités qualitatives sont venues annihiler l'effet de cette ébauche de démocratisation du supérieur. Les enfants d'ouvriers, lorsqu'ils poursuivent leurs études après le baccalauréat, sont surreprésentés dans le supérieur court (sections de techniciens supérieurs, IUT) et sous-représentés dans les filières « nobles » des cursus universitaires (droit, médecine)[1]. La prise en compte du système des classes préparatoires et des grandes écoles vient encore accentuer les inégalités sociales de cursus dans l'enseignement supérieur. 51 % des élèves des « grands établissements » ont un père cadre ou exerçant une profession intellectuelle supérieure (et 4 % un père ouvrier), tout comme 58 % des élèves des Écoles normales supérieures (2 % un père ouvrier). La polarisation sociale des différentes filières de l'enseignement supérieur est très forte : là où les enfants de cadres sont extrêmement nombreux, les enfants d'ouvriers font figure d'exception statistique. Des travaux récents mettent en évidence une intensification de cette segmentation sociale : les filières d'excellence y sont encore plus socialement cloisonnées que les séries de baccalauréat les plus prestigieuses[2].

La prise en compte de cette « démocratisation ségrégative » et non « égalisatrice[3] », liée à un système éducatif de plus en plus filiarisé, est essentielle si l'on souhaite mesurer la portée réelle de la démocratisation scolaire. Concernant l'accès

1. Les enfants d'ouvriers représentent 11 % des étudiants lors de l'année universitaire 2010-2011, mais 21 % des effectifs des BTS et 15 % de ceux des IUT. En revanche, ils ne représentent que 5 % des étudiants en médecine.

2. Olivia Sautory, « La démocratisation de l'enseignement supérieur : évolution comparée des caractéristiques sociodémographiques des bacheliers et des étudiants », *Éducation et Formations*, n° 74, avril 2007, p. 49-64.

3. Pierre Merle, « Le concept de démocratisation scolaire : une typologie et sa mise à l'épreuve », *Population*, vol. 55, n° 1, 2000, p. 15-50. Pour une réflexion sur la démocratisation ségrégative dans l'enseignement supérieur, voir Marie Duru-Bellat et Annick Kieffer, « Du baccalauréat à l'enseignement supérieur en France : déplacement et recomposition des inégalités », *Population*, vol. 63, n° 1, 2008, p. 123-158.

au baccalauréat, les résultats diffèrent significativement selon que l'on considère ou non sa série. Sans tenir compte de la filière, l'accès au baccalauréat s'est indéniablement démocratisé. En revanche, si l'on prend en compte le type de baccalauréat obtenu, l'intensité des inégalités sociales n'a pas diminué au cours du temps[1], ce qui tend à valider une hypothèse formulée en 2001 par Samuel Lucas : les inégalités persistent dans les faits (il évoque l'« *effectively maintained inequality*[2] »).

Le constat est alors très sombre : plusieurs décennies d'efforts de la nation en matière éducative n'ont pas permis d'alléger significativement le poids des inégalités sociales dans le champ des carrières scolaires. Alors qu'auparavant les enfants des milieux riches en capitaux économiques et culturels se distinguaient par des durées de scolarité plus longues (inégalités quantitatives), ils se distinguent aujourd'hui par le choix de filières d'excellence dont sont exclus les enfants des classes populaires (inégalités qualitatives). Dans un tel contexte, la persistance des forces de la reproduction sociale ne doit pas surprendre.

École et mobilité sociale

Le caractère inachevé de la massification scolaire et la portée très limitée de la démocratisation qu'elle entraîne expliquent que la reproduction sociale demeure si forte et si stable dans le

1. Mathieu Ichou et Louis-André Vallet, « Do All Roads Lead to Inequality ? Trends in French Upper Secondary School Analyzed with Four Longitudinal Surveys », *Oxford Review of Education*, vol. 37, n° 2, 2011, p. 167-194.

2. Samuel Lucas, « Effectively Maintained Inequality : Education Transitions, Track Mobility, and Social Background Effects », *American Journal of Sociology*, vol. 106, n° 6, 2001, p. 1642-1690.

temps. Il reste à souligner les limites du rôle intrinsèque de l'éducation dans le processus de mobilité sociale.

Il ne s'agit certes pas de mettre en cause la qualité de la protection sociale et professionnelle qu'offre un niveau de diplôme élevé, tout particulièrement en période de crise. Plus le niveau de diplôme est élevé, plus la probabilité d'être au chômage est faible. En 2010, 20 % des jeunes sortis de formation initiale depuis 1 à 4 ans étaient au chômage, mais ce chiffre dissimule de grandes disparités : le chômage frappe 44 % de ceux qui avaient au plus le brevet des collèges, 23 % des bacheliers ou titulaires d'un CAP ou BEP, et 11 % des diplômés du supérieur. L'écart entre les moins diplômés et les diplômés du supérieur est de plus de 30 points, tandis que la différence n'était que d'une quinzaine de points au début des années 1980 : jamais le diplôme n'a constitué une protection aussi forte contre le chômage, à l'heure où ce risque est particulièrement élevé.

Par ailleurs, la probabilité d'accéder rapidement à un emploi stable s'élève avec le niveau de diplôme. En 2010, la probabilité d'avoir signé un contrat à durée indéterminée moins de 4 ans après la sortie des études est de 64 % pour les titulaires d'un diplôme du supérieur long (au moins un deuxième cycle universitaire), 60 % pour les diplômés du supérieur court, 48 % pour les bacheliers, 44 % pour les détenteurs d'un BEP ou CAP et seulement 28 % pour les individus au mieux diplômés du brevet des collèges. Ici encore, l'écart entre les deux extrêmes de la hiérarchie des diplômes est de plus de 35 points, tandis qu'il était de l'ordre d'une vingtaine de points au début des années 1980. Enfin, un niveau de diplôme élevé constitue le passeport vers les emplois d'encadrement. En 2010, 45 % des jeunes sortant de formation initiale diplômés du supérieur long exercent un emploi de cadre ou une profession intellectuelle supérieure ; cette proportion tombe à 4 % pour les diplômés du supérieur court qui sont, eux, 56 % à exercer une profession intermédiaire. À l'inverse, 88 % des non-diplômés exercent un emploi d'employé ou d'ouvrier.

Si le diplôme constitue le meilleur passeport vers l'emploi (et singulièrement vers l'emploi stable et d'encadrement), il n'en reste pas moins que les débouchés offerts par un même niveau de diplôme ont évolué au cours du dernier quart de siècle, et rarement de manière positive. La part d'emplois stables 1 à 4 ans après l'obtention d'un diplôme de l'enseignement supérieur court diminue de 10 points passant de 70 % à 60 %. La diminution est de l'ordre de 14 points pour les bacheliers ou les titulaires d'un CAP ou BEP, et de 20 points pour les moins diplômés. Il n'y a que les diplômés du supérieur long qui maintiennent leur position sur la période. En revanche, ces derniers deviennent sensiblement moins souvent cadre supérieur qu'il y a vingt-cinq ans : s'ils sont encore 45 % dans ce cas, ils étaient 65 % au milieu des années 1980. La même évolution s'observe pour les diplômés du supérieur court qui étaient 70 % à accéder à une profession intermédiaire, proportion tombée à 56 % aujourd'hui.

Si le diplôme constitue aujourd'hui, plus que jamais, la meilleure protection contre le chômage et les emplois précaires ou routiniers, chaque diplôme pris isolément voit sa valeur absolue diminuer. Ces deux constats ne sont nullement contradictoires, contrairement à ce que laisse trop souvent penser le débat entre ceux qui soulignent les bénéfices de la démocratisation scolaire et ceux qui mesurent la dévalorisation des diplômes. Ce débat est assez artificiel et dépend du point de vue adopté : obtenir un diplôme de l'enseignement supérieur est plus nécessaire que jamais pour s'insérer dans de bonnes conditions sur le marché du travail, mais avoir un diplôme élevé n'offre pas une protection absolue contre le déclassement, même si les plus diplômés sont évidemment ceux qui ont le plus de chances de se reclasser par la suite[1].

Les difficultés de l'insertion sur le marché du travail diminuent au fur et à mesure que s'élève le niveau de diplôme ; ce n'est donc pas parce que la protection qu'offrent les titres scolaires recèle des failles que nous évoquons les limites de l'école dans le processus de mobilité sociale. Il s'agit, plus profondément, de s'interroger sur ce que pourrait être une démocratisation scolaire « parfaite », puisqu'à niveau de diplôme équivalent, les enfants des classes populaires continuent de subir un désavantage lié à leur origine sociale. Ce désavantage concerne peu la probabilité d'obtenir un emploi (à diplôme équivalent, elle ne varie que faiblement en fonction de l'origine sociale) ; il s'observe plutôt en termes de catégorie socioprofessionnelle de l'emploi exercé.

Ainsi, 1 à 4 ans après l'obtention d'un diplôme de deuxième ou troisième cycle universitaire, la probabilité d'exercer un emploi de cadre ou une profession intellectuelle supérieure (CPIS) varie sensiblement en fonction de l'origine sociale, la proportion oscillant entre 25 % pour les enfants d'ouvriers et 55 % pour les enfants de cadres (46 % lorsque le père exerce une profession intermédiaire, 37 % lorsque le père est employé, 42 % lorsque le père est agriculteur, artisan ou commerçant). Ce désavantage très important n'est pas seulement conjoncturel, lors de l'insertion sur le marché du travail : il persiste 5 à 8 ans après la fin des études initiales.

1. Jean-François Giret *et al.*, « Le déclassement des jeunes sur le marché du travail », *Données sociales*, INSEE, 2006, p. 307-314. Ils estiment à plus d'un cinquième la part de jeunes déclassés 3 ans après la fin de leurs études.

FIGURE 9. Proportion de cadres et professions intellectuelles supérieures chez les diplômés du supérieur long

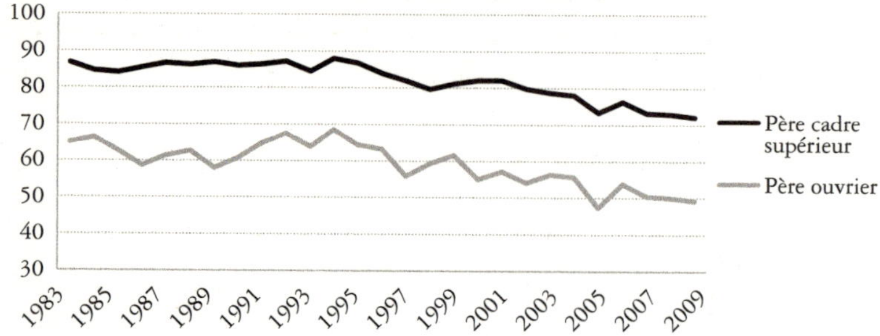

Source : enquêtes Emploi, INSEE.
Champ : individus sortis de formation initiale avec un diplôme de deuxième ou troisième cycle universitaire depuis 5 à 8 ans.

Entre 1983 et 2009, le désavantage des enfants d'ouvriers comparés à ceux de cadres demeure assez constant, supérieur à 20 points à la fin de la période : pour un même niveau de diplôme, les premiers n'ont qu'une chance sur deux d'accéder à des emplois de CPIS, contre deux chances sur trois pour les seconds. On objectera avec raison que les diplômes du supérieur long ne constituent pas une catégorie homogène, ni en termes de durée d'étude (second ou troisième cycle), ni en termes de diplôme (grande école, université et ses différentes filières, etc.). La filiarisation du supérieur explique en effet une partie de ces écarts. Ces derniers, toutefois, persistent lorsque l'on cherche à construire des catégories de diplômes plus homogènes. En isolant les seuls détenteurs d'un troisième cycle universitaire, peu nombreux chez les enfants d'ouvriers, la probabilité d'exercer un emploi de CPIS est de 77 % pour les enfants de cadres en 2009 et de 63 % pour les enfants d'ouvriers.

Ce désavantage existe également pour les diplômés du supérieur court. 5 à 8 ans après avoir obtenu un tel diplôme, 67 %

des enfants de cadres exercent une profession intermédiaire ou un emploi de cadre supérieur, contre 53 % des enfants d'ouvriers. Lorsque l'on restreint le champ aux seuls diplômés d'un BTS ou d'un DUT, la proportion est de 62 % pour les premiers et de 47 % pour les seconds.

FIGURE 10. Devenir professionnel des titulaires d'un BTS ou DUT

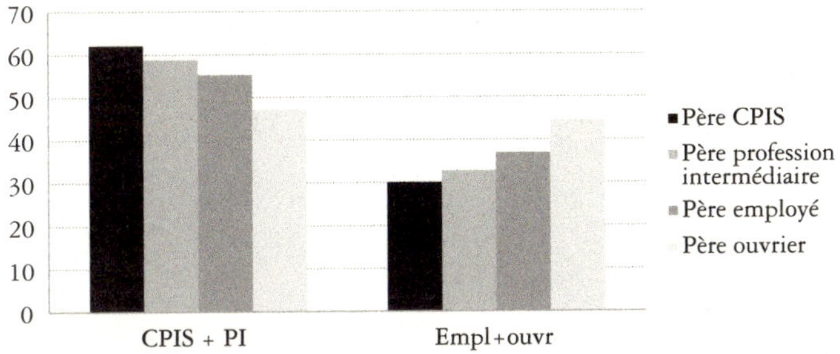

Source : enquêtes Emploi, INSEE.
Champ : individus sortis de formation initiale avec un BTS ou un DUT depuis 5 à 8 ans.

Ces écarts, importants et significatifs, s'expliquent en partie par la non-prise en compte du type de filières suivies. Mais il y a autre chose : ils persistent à des niveaux élevés, même lorsque l'on restreint le champ à des types de diplômes plus homogènes du point de vue du recrutement social de leurs différentes filières. Ils indiquent alors que le diplôme n'est pas la seule variable à exercer un effet sur les positions sociales atteintes. Si le diplôme exerce évidemment un effet massif sur les destins professionnels et sociaux, l'origine sociale continue également, à niveau de diplôme équivalent, à influencer ces derniers.

Plus encore, des techniques statistiques plus poussées permettent de montrer qu'au cours des dix dernières années, la « pénalité » liée à une origine sociale modeste a plutôt augmenté. En 1999, en neutralisant l'effet du genre, et à niveau de diplôme équivalent, les trentenaires dont le père était ouvrier avaient une probabilité d'exercer un emploi de cadre ou une profession intellectuelle inférieure de 8 points à celle de leurs homologues de père cadre. Dix ans plus tard, en 2009, cette « pénalité » s'élève à 14 points. De même, le désavantage augmente pour les enfants d'employés, passant en dix ans de 7 à 11 points[1].

L'école, une « agence de sélection »

Ainsi, même si l'effet du niveau de diplôme demeure constant (à origine sociale équivalente, les titulaires d'un deuxième ou troisième cycle universitaire ont une probabilité d'exercer un tel emploi supérieure de 60 points à celle des non-diplômés), l'effet de l'origine sociale, loin de disparaître, tend au contraire à s'intensifier. Ce dernier résultat, peu optimiste, ne semble pas concerner seulement la France : des travaux comparatifs, achevés ou en cours, apportent des résultats convergents pour de nombreux pays européens[2].

À propos des inégalités sociales en matière d'éducation, deux constats émergent. D'abord, malgré une massification scolaire d'ampleur au cours de la seconde moitié du XXe siècle, la démocratisation scolaire a peu progressé. Des *inégalités quantitatives* d'accès aux différents niveaux du système éducatif tendent à être supplantées par des *inégalités qualitatives* liées à une filiarisa-

1. Selon des modèles de régression estimés à partir des enquêtes Emploi de l'INSEE auprès des hommes et femmes âgés de 30 à 39 ans. Il est à noter qu'entre 1989 et 1999, l'intensité de la « pénalité » demeure constante, ce qui semble indiquer que le désavantage des enfants des classes populaires, à diplôme équivalent, s'est creusé dans la période récente.

2. Voir par exemple Richard Breen (dir.), *Social Mobility in Europe*, Oxford, Oxford University Press, 2004.

tion croissante de ces mêmes niveaux. Ainsi, au moment où les différents verrous disparaissent et où les enfants des classes populaires franchissent un nouveau palier, le jeu des filières permet aux enfants des classes favorisées de maintenir leur avantage. L'accès d'une proportion croissante des classes d'âge successives au baccalauréat n'aurait pas été possible sans la création du baccalauréat professionnel dont les enfants des classes populaires constituent le principal vivier. L'accès d'une proportion croissante de ces derniers aux premiers cycles de l'enseignement supérieur provoque un resserrement social du recrutement des classes préparatoires et des grandes écoles, ainsi que des filières prestigieuses de l'université. En réalité, ces stratégies d'évitement et de distinction, de la part des familles favorisées (c'est-à-dire riches en capital économique ou culturel), s'enracinent bien plus tôt, dès les premières années de la scolarité [1].

La persistance d'inégalités sociales dans le champ de l'éducation explique que la reproduction sociale n'ait pas diminué. Cette dernière apparaît toutefois moins problématique, puisque ne reposant plus sur la naissance. Elle semble produite par une « agence de sélection », l'école, censée récompenser le mérite individuel, comme le souligne Antoine Prost en analysant l'histoire du système éducatif français depuis la Seconde Guerre mondiale. Son évolution « n'a pas seulement consolidé la stratification sociale : elle l'a légitimée, puisqu'elle l'a fait reposer sur des critères apparemment scolaires et non plus sociaux. Elle a invité les membres des différents groupes sociaux à intérioriser leurs positions sociales respectives et à les assumer comme une conséquence de leur inégal mérite. Elle a transformé en mérite ou en incapacité

1. De nombreux travaux ethnographiques ont permis de prendre la mesure de ces stratégies familiales. Voir Agnès Van Zanten, *Choisir son école. Stratégies familiales et médiations locales*, Paris, PUF, 2009, ou le récent numéro des *Actes de la recherche en sciences sociales*, « École ségrégative, école reproductrice », n° 180, décembre 2009.

personnelle ce qu'on aurait auparavant imputé aux hasards de la naissance[1]. »

Enfin, la persistance, à niveau de diplôme équivalent, d'un fort désavantage pour les enfants des classes populaires souligne les limites du rôle de l'éducation dans le processus de mobilité sociale : même une démocratisation parfaite ne transformerait pas la société française en un paradis de la méritocratie et de la fluidité sociale. Ce dernier constat permet de prendre la mesure du combat à mener.

1. Antoine Prost, *Éducation, Société et Politiques. Une histoire de l'enseignement de 1945 à nos jours*, Paris, Seuil, 1997, p. 111.

CHAPITRE 4

L'égalité tout au long de la vie

La recherche d'une fluidité sociale parfaite est probablement illusoire. Il n'est pas certain, par ailleurs, qu'un tel régime soit le signe d'une société parfaitement juste dans les opportunités qu'elle offre à ses différents membres[1]. Toutefois, desserrer l'étau de la reproduction sociale constitue un projet de société essentiel, qu'il s'agisse, dans une optique libérale, de récompenser le mérite individuel (et non l'héritage), ou, dans une optique socialiste ou social-démocrate, de favoriser la justice sociale en brisant la reproduction des inégalités.

Nos sociétés ont fait de l'école l'institution chargée d'égaliser les chances sociales : en distribuant des titres scolaires censés récompenser le mérite des individus, elle crée de la mobilité sociale et permet que les conditions de la naissance ne déterminent pas l'ensemble de l'existence. Depuis les années 1960, l'école s'est massifiée, s'ouvrant aux enfants des classes populaires qui accèdent au premier puis au second cycle du secondaire. Le bilan, en termes de déclin de la reproduction sociale, est médiocre eu égard à l'intensité de l'explosion scolaire, tant apparaît limitée

1. Voir Adam Swift, « Would Perfect Mobility be Perfect ? », *European Sociological Review*, vol. 20, n° 1, 2004, p. 1-11.

la portée de la démocratisation de l'école. Transformer l'école, pour la rendre véritablement démocratique, constitue alors le premier levier d'action. Mais, dans la mesure où il serait vain de faire reposer sur la seule école l'exigence de fluidité sociale, il est nécessaire également de multiplier les *moments d'égalité* au cours du cycle de vie. La mise en place d'un dispositif universel d'accès à la formation, garanti par l'État et reposant sur un financement public, pourrait constituer la première pierre d'un édifice d'égalisation des conditions en dehors de l'école. Tout en luttant contre la fixation précoce des destins sociaux, un tel dispositif permettrait de modifier en profondeur la manière dont les générations successives accèdent à la citoyenneté, tant il est vrai que le combat contre la reproduction des inégalités ne se résume pas au champ professionnel.

Pour une école vraiment démocratique

Ce n'est pas parce que la massification scolaire ne s'est pas traduite par une démocratisation à la hauteur des efforts consentis qu'il faut abandonner le combat de l'école. Ce dernier, en revanche, nécessite une prise de conscience douloureuse : le système éducatif français, dans sa façon de fonctionner, n'est pas ou n'est plus (s'il l'a jamais été) méritocratique. Au contraire, son élitisme a pour conséquence la recherche d'une excellence réservée à quelques élus issus toujours plus fréquemment des milieux favorisés, tandis que les « vaincus » de la compétition scolaire sont voués au destin d'élèves puis de citoyens de seconde zone.

Combattre les inégalités à la racine

Puisque les différents niveaux du système éducatif se sont ouverts progressivement aux enfants des classes populaires, les inégalités à l'œuvre dans le champ scolaire ne sont plus tant des inégalités d'accès à l'éducation (au moins jusqu'aux portes de l'enseignement supérieur) que des *inégalités de réussite scolaire*. Au-delà des inégalités de cursus qui subsistent dès le secondaire en raison de la filiarisation évoquée plus haut, c'est en effet la précocité des inégalités de réussite scolaire qui a été mise en évidence depuis longtemps par les sociologues de l'éducation. En fonction de leur origine sociale, les enfants arrivent à l'école avec des niveaux différents. Or l'école n'apparaît à aucun moment capable de corriger ces inégalités.

Pire encore, ces dernières augmentent rapidement dès les premières années de scolarité. Par exemple, il a été démontré que non seulement les élèves quittent la maternelle et abordent le CP avec des niveaux scolaires socialement différenciés, mais que la progression à l'école primaire diffère également selon l'origine sociale, de telle sorte que les différences sociales de réussite scolaire grandissent tout au long du cursus[1]. Logiquement, la part d'élèves « en retard » à l'entrée en sixième (les enfants ayant déjà redoublé) varie fortement en fonction de l'origine sociale. Si, toutes origines sociales confondues, 15 % des garçons sont en retard à l'entrée en sixième en 2010, la proportion varie de 4 %, pour les fils d'enseignants ou de cadres, à 20 %, pour les fils d'ouvriers. De même, chez les filles, la proportion varie de 2 % à 17 %[2].

1. Jean-Paul Caille et Fabienne Rosenwald, « Les inégalités de réussite à l'école élémentaire : construction et évolution », *Données sociales*, INSEE, 2006, p. 115-137.
2. *Repères et Références statistiques*, ministère de l'Éducation nationale, 2011.

La précocité de ces inégalités, la rapidité de leur intensification et leur caractère cumulatif incitent à agir très tôt dans la scolarité, au moment où elles sont les moins fortes, c'est-à-dire dès l'école maternelle et l'école primaire. Or, si la part du PIB consacrée aux dépenses d'éducation situe la France dans la moyenne de l'OCDE, cet effort éducatif est particulièrement déséquilibré entre les différents niveaux d'enseignement, essentiellement au détriment de l'enseignement primaire. En 2006, comparée à la moyenne des pays de l'OCDE, la France dépensait en moyenne par élève 5 % de moins pour un élève de maternelle, 15 % de moins pour un élève de primaire, mais 10 % de plus pour un collégien et 26 % de plus pour un lycéen. Par ailleurs, du côté des effectifs, et toujours par rapport à la moyenne des pays de l'OCDE, les enseignants français encadrent à l'école primaire des effectifs sensiblement plus nombreux, la différence étant de l'ordre de 23 % [1].

Cette situation, dénoncée par la Cour des Comptes dans son rapport sur l'éducation de 2010 [2], ne s'est pas traduite par une prise de conscience des pouvoirs publics, le gouvernement alors en place poursuivant sa politique de suppressions de postes dans l'éducation, particulièrement dans le primaire, alors qu'on avait déjà observé au début des années 2000 une baisse de la part du PIB consacrée aux dépenses pour l'enseignement primaire et le secondaire, cette dernière passant de 4,5 % en 1995 à 4,3 % en 2000 puis 3,9 % en 2006. Ces chiffres de l'OCDE, rappelés par la Cour des Comptes, font passer la France du deuxième au onzième rang de l'OCDE.

À rebours des politiques menées ces dernières années, un système éducatif véritablement démocratique ne peut pas négliger les premiers niveaux de l'enseignement. Ces derniers sont

1. *Regards sur l'éducation*, OCDE, 2009.

2. « L'Éducation nationale face à l'objectif de la réussite de tous les élèves », *Rapport public thématique*, Cour des Comptes, 12 mai 2010.

cruciaux : si l'école accueille des élèves déjà inégaux socialement, les premières années de scolarité constituent le moment le plus propice pour réduire le désavantage des plus faibles, très souvent issus des catégories sociales modestes. Plus d'enseignants, avec une formation adaptée, dans des classes moins chargées : voilà trois éléments indispensables à une école primaire plus égalisatrice.

Rompre avec l'élitisme

L'intensification des inégalités sociales de réussite au cours de la scolarité s'explique certes par un manque de moyens (essentiellement au niveau du primaire), en comparaison avec la plupart des pays de l'OCDE, mais aussi par l'élitisme de l'école française. Christian Baudelot et Roger Establet ont mis en évidence les effets délétères de l'« élitisme républicain et de la culture de l'évaluation, du classement et de l'élimination précoce[1] ». La recherche de l'excellence pour un nombre restreint d'élus, censés composer l'élite de la nation, se traduit par l'élimination progressive des élèves les moins armés, massivement issus des milieux modestes. La réussite de quelques éléments valeureux, « sauvés » des classes populaires, permet de légitimer le destin moins glorieux de tous les autres, qui, battus dans une compétition scolaire intense, ne peuvent que s'en prendre à eux-mêmes. Le diagnostic formulé par Baudelot et Establet est sévère. L'école est à l'image de la société tout entière ; elle « se pense plus juste et plus égalitaire que beaucoup d'autres, alors qu'elle est restée, en pratique, élitiste et inégalitaire ».

De fait, les célèbres enquêtes comparatives PISA, répétées à intervalle régulier, fournissent un résultat terrible pour l'école

1. Christian Baudelot et Roger Establet, *L'Élitisme républicain. L'école française à l'épreuve des comparaisons internationales*, Paris, Seuil / La République des Idées, 2009.

française : elle est celle dans laquelle l'origine sociale pèse le plus sur les résultats scolaires. En 2006, la France était le pays de l'OCDE dans lequel l'écart de résultats entre les élèves issus de milieux sociaux favorisés et défavorisés était le plus important, deux fois plus élevé que dans des pays comme le Japon, le Canada ou la Finlande. Cet écart entre élèves favorisés et défavorisés n'a cessé de se creuser depuis dix ans. Un tel résultat permet de prendre la mesure de l'intensité de l'inégalité des chances scolaires. Mais, dans la mesure où les enquêtes PISA montrent que les pays dans lesquels l'écart entre favorisés et défavorisés est le plus faible sont également ceux qui obtiennent les meilleures performances d'un point de vue global, elles soulignent aussi le risque inconsidéré que prend l'école française : celui de voir les intérêts de la (grande) majorité sacrifiés à la réussite d'une (toute petite) fraction.

Il n'existe pas d'école parfaite, ni d'école qui illusoirement promettrait de gommer toutes les différences sociales. Les comparaisons internationales indiquent toutefois que plus l'école est « scolaire » rapidement, et uniquement scolaire, plus les écarts entre faibles et forts grandissent vite. Une école moins scolaire, c'est-à-dire qui évalue et classe plus tard et transforme ses pratiques pédagogiques, semble plus efficace du point de vue de la réduction des inégalités entre « faibles » et « forts ». Puisque les enfants des classes populaires sont surreprésentés parmi les faibles et que les enfants favorisés le sont parmi les forts, une école moins scolaire dans les premières années serait une école plus juste et moins reproductrice.

Les filières d'« excellence » : un cache-misère

L'élitisme de notre système éducatif explique le relatif désintérêt pour l'école maternelle et primaire ; il explique aussi pourquoi, plus loin dans le cursus scolaire, peu se préoccupent des 700 000 lycéens professionnels, tandis que les 70 000 élèves des classes préparatoires figurent au cœur de toutes les attentions. Depuis plusieurs années, de nombreux dispositifs ont été mis en place, visant à faciliter l'accès des lycéens issus de territoires et de milieux sociaux défavorisés aux filières d'excellence, à l'instar des célèbres « conventions ZEP » de Sciences Po. Ces dispositifs ont un objectif évident et parfaitement louable : démocratiser l'accès à l'enseignement supérieur et, plus particulièrement, à celui dit « d'excellence ». Pour autant, ils interviennent beaucoup trop tardivement et auprès d'effectifs beaucoup trop restreints pour avoir un effet significatif sur l'égalisation réelle des chances sociales. En effet, ils profitent à des lycéens issus de milieux défavorisés, qui, en fréquentant des classes de terminale générale, sont déjà statistiquement des « survivants » dans un système éducatif qui exclut très rapidement les enfants des milieux les plus populaires.

Nous avons déjà souligné la précocité des inégalités sociales de réussite scolaire et la surreprésentation des enfants de milieux modestes parmi les « décrocheurs scolaires » et ceux qui s'orientent dans les filières les moins prestigieuses de l'enseignement secondaire. Ne penser la démocratisation de l'école que par le biais des dispositifs dits d'« excellence » équivaut à consolider une échelle intégralement vermoulue par son dernier barreau. En outre, ces dispositifs agissent auprès d'effectifs beaucoup trop restreints. Les statistiques montrent que moins de 5 % d'une classe d'âge fréquente une grande école. Même si, au bout de plusieurs décennies, ces dispositifs permettaient aux grandes écoles d'être un peu plus à l'image de la société française (ce qui serait certes un véritable progrès), l'essentiel du problème de la démocratisation de l'enseignement supérieur subsisterait.

C'est pourquoi ces politiques d'égalité des chances, menées au compte-gouttes dans les filières d'excellence, ne doivent pas permettre de jeter un voile pudique sur l'importance des filières universitaires, qui accueillent la plupart des nouveaux étudiants, absorbant les flux de la massification parvenue aux portes de l'enseignement supérieur. Statistiquement, les enfants d'origine modeste qui poursuivent leurs études après le baccalauréat le font à l'université, dans les filières courtes des IUT ou en s'inscrivant en licence. Alors que l'État continue à dépenser annuellement 60 % de plus pour un étudiant en classe préparatoire que pour un étudiant à l'université, il est urgent de faire bénéficier les seconds des mêmes conditions d'études que les premiers. Les étudiants de l'université devraient avoir les mêmes « droits scolaires » que les élèves de prépas : « formation généraliste, encadrement individuel, explicitation des méthodes de travail, emploi du temps structuré, encouragement à tirer le meilleur de soi-même [1] », groupes à effectifs restreints plutôt qu'amphithéâtres bondés.

Avec ces conditions de travail, la réussite pour le plus grand nombre cesserait d'apparaître inaccessible dans les premiers cycles des universités de masse. Pour les pouvoirs publics, il devrait s'agir d'une véritable urgence nationale. Bien des universités fonctionnent dans des conditions matérielles désastreuses, conduisant de nombreuses formations à restreindre leurs capacités d'accueil avec une conséquence tragique pour notre pays : la France ne se donne pas les moyens de former tous les jeunes qui le souhaitent, les condamnant à la relégation sociale et se condamnant elle-même au déclin.

1. Fabien Truong et Gérôme Truc, « Ce que "l'enfer des prépas" ne dit pas », *Le Monde*, 17 février 2012.

L'école et le monopole de la formation

De fortes inégalités sociales dans le champ scolaire questionnent nos sociétés démocratiques et ébranlent nos certitudes méritocratiques. Ces inégalités, toutefois, pèsent d'autant plus que les sociétés accordent une grande importance aux diplômes, faisant des titres scolaires un facteur décisif pour accéder aux différents échelons de la stratification sociale. Ce constat est particulièrement vrai en France : non seulement l'origine sociale pèse lourdement sur la réussite scolaire, mais l'« emprise » du diplôme reste très forte[1]. En fin de compte, une part importante du destin des individus est liée à un titre scolaire obtenu à l'issue d'une compétition d'emblée biaisée d'un point de vue social.

Certes, dans tous les pays occidentaux, la qualité de l'insertion sur le marché du travail est proportionnelle au niveau d'éducation. Plus le niveau de diplôme est élevé, plus la probabilité d'éviter le chômage est forte, tout comme celle d'obtenir un emploi stable et bien rémunéré. Cependant, ce lien entre formation et insertion professionnelle se révèle particulièrement étroit en France[2]. En outre, la tendance à la diminution de la mobilité professionnelle ascendante à mesure que l'âge augmente renforce encore le poids du diplôme initial, particulièrement pour les cohortes nées à partir des années 1960 : elles ont été plus rarement promues que les précédentes dans des emplois de cadre après l'âge de 40 ans, la promotion par le diplôme semblant suppléer la

1. François Dubet, Marie Duru-Bellat et Antoine Vérétout, *Les Sociétés et leur école. Emprise du diplôme et cohésion sociale*, Paris, Seuil, 2010.

2. Thomas Couppé et Michèle Mansuy, « L'insertion professionnelle des débutants en Europe : des situations contrastées », *Économie et Statistique*, n° 378-379, 2004, p. 147-165.

promotion à l'ancienneté[1]. Plus généralement, si la probabilité de changer d'emploi diminue au long du cycle de vie, elle décline assez rapidement dès les dix premières années sur le marché du travail[2]. Cette concentration de l'essentiel de la mobilité professionnelle renforce le poids du diplôme initial, qui ne détermine plus seulement les conditions de l'insertion sur le marché du travail, mais une part non négligeable de l'ensemble de la carrière professionnelle.

Ce déclin de la promotion au cours de la carrière s'explique évidemment par les dynamiques qui secouent le marché du travail, ainsi que par les pratiques en matière de formation professionnelle. Il reste que l'on ne peut pas comprendre l'importance du diplôme initial sans prendre en compte les conditions dans lesquelles l'école s'est construite et imposée en France. Chargée de faire advenir la société républicaine, l'école s'est substituée à l'Église pour « instituer les sujets d'une France démocratique, moderne et universelle : des Français et des citoyens[3] ». Mais, en même temps qu'elle instille dans l'âme des enfants les « similitudes essentielles que réclame la vie collective » (pour reprendre les termes de Durkheim), l'école de la République cherche à promouvoir les éléments les plus méritants des classes défavorisées.

De la même manière que l'angoisse de manquer de main-d'œuvre qualifiée explique l'impulsion des politiques de massification scolaire dans les années 1960, le souci d'aller chercher l'élite de demain dans le « peuple » figure au fondement de l'élitisme républicain. Puisque l'école a cimenté la société républicaine, remettre en cause son fonctionnement et ses verdicts

1. Malik Koubi, « Les trajectoires professionnelles : une analyse par cohorte », art. cit.

2. Arnaud Dupray et Isabelle Recotillet, « Mobilités professionnelles et cycle de vie », *Économie et Statistique*, n° 423, 2009, p. 31-58.

3. François Dubet, *Le Déclin de l'institution*, Paris, Seuil, 2002, p. 88 et suivantes.

conduirait à ébranler une cohésion sociale dont le « mérite » constitue l'un des piliers. Sans doute faut-il voir, dans l'emprise du diplôme particulièrement forte en France, les traces du rôle démesuré donné à l'école : faire triompher la République, souder la société.

Mais, au-delà, tout se passe comme s'il était difficile de faire accepter l'idée que l'école n'a pas le monopole de la formation des individus. Lorsque Pierre Mendès-France projette en 1954 de créer un ministère de la Jeunesse chargé d'assurer la « formation d'une génération », il doit renoncer face au feu nourri des critiques venant notamment des associations d'enseignants, qui, sous couvert de défendre une laïcité hypothétiquement menacée, voient d'un mauvais œil l'irruption d'un autre ministère, parallèle à celui de l'Éducation, seul légitime à leurs yeux [1].

Penser la formation sur le cycle de vie

Aujourd'hui, écrasée sous le poids de cette ambition originelle, l'école continue de se voir assigner la tâche de produire des sanctions, sous forme de titres scolaires, dont beaucoup feignent de croire qu'ils ne reflètent que les mérites intrinsèques de leurs détenteurs. Cette croyance fige les destins sociaux et encourage la reproduction sociale, car même une école véritablement démocratique ne peut porter sur ses épaules tout le poids de la justice sociale.

D'abord, à diplôme comparable, les enfants des classes populaires continuent à ne pas bénéficier des mêmes trajectoires

1. Ludivine Bantigny, « Une politique de la jeunesse entre compétition et légitimation. L'expérience Mendès-France », *in* Valérie Becquet *et al.* (dir.), *Politiques de jeunesse : le grand malentendu*, Nîmes, Champ social éditions, 2012, p. 32-46.

que les autres. Ensuite, une société démocratique doit se soucier du sort des « vaincus » de la compétition (tant scolaire que sociale). Même si les conditions de la compétition initiale deviennent moins injustes, est-il souhaitable que le destin des individus demeure étroitement lié à leur parcours scolaire, et uniquement à ce dernier ? Pour contrer les mécanismes de la reproduction sociale, il faut au contraire multiplier les moments d'égalité au cours du cycle de vie, et donc les moments de formation. Certes, la formation initiale doit exercer un rôle prépondérant, ne serait-ce que parce qu'elle est première dans le temps et qu'elle permet à des individus de s'élever au-dessus de leur condition d'origine. Mais elle doit aussi constituer la première étape d'un parcours de formation qui se déroule tout au long de la vie, particulièrement pour les moins diplômés (à l'issue de la formation initiale).

De ce point de vue, les caractéristiques des bénéficiaires de la formation continue soulignent, encore une fois, l'emprise du diplôme initial : 60 % des cadres et 58 % des professions intermédiaires ont eu accès à la formation continue, mais seulement 38 % des ouvriers et 29 % des employés. Le taux d'accès à la formation continue, en France, s'élève en même temps qu'augmente le niveau de diplôme initial [1]. Un modèle bien plus efficace et désormais bien connu est celui de l'Allemagne, où, en dépit d'un système scolaire plus injuste (sélection plus précoce, cloisonnement des filières), le diplôme initial a une emprise moins grande sur le parcours professionnel, en raison de l'accès plus fréquent des moins diplômés à la formation continue.

À l'heure où la durée de la vie professionnelle s'allonge, où le marché du travail demeure structurellement dégradé et où sont vantés les mérites de la « mobilité » individuelle, la société

1. Marion Lambert *et al.*, *Quand la formation continue. Repères sur les pratiques de formation des employeurs et des salariés*, CEREQ, 2009.

ne peut pas considérer s'être acquittée de la formation de ses membres une fois plus ou moins bien assumée la formation initiale. Des objectifs ambitieux de formation tout au long de la vie doivent être fixés. Leur réalisation passe, en France plus qu'ailleurs, par une révolution culturelle : affirmer que la formation initiale n'est que le premier temps d'un cycle de formation qui doit permettre aux individus d'être mieux armés face aux ruptures professionnelles. Surtout, en multipliant les moments d'égalité, la formation continue rend moins déterminantes les conditions de la naissance.

Un dispositif universel d'accès à la formation

L'instauration d'un dispositif universel d'accès à la formation permettrait au plus grand nombre de fréquenter, à un moment ou à un autre de la vie, l'enseignement supérieur. Cela instituerait un vrai « droit à la formation », tout en transformant en profondeur l'accès de la jeunesse à l'autonomie et à l'âge adulte.

Des bons mensuels de formation

Concrètement, ce dispositif universel d'accès à la formation pourrait s'appuyer sur le financement public d'un certain nombre d'années de formation à partir de l'âge de 18 ans ou à partir de l'entrée dans l'enseignement supérieur. Comme au Danemark, où existe un système de « bons mensuels à tirer », la puissance publique pourrait financer soixante bons mensuels de formation (soit cinq ans en tout) ; les individus exerceraient leur droit de tirage au moment où ils le souhaitent. Cela pourrait avoir lieu au moment de la formation initiale, évidemment, pour les individus parvenus au seuil de l'enseignement supérieur, mais cela fonctionnerait également en formation continue, pour ceux qui n'auraient pas épuisé la totalité de leur capital. Par exemple, un individu ayant suivi trois années d'études supérieures commencerait sa vie professionnelle avec un solde de deux années de formation.

Ce système est particulièrement juste et efficace pour celles et ceux qui quittent le système scolaire avant l'âge de 18 ans. Ils entreraient ainsi sur le marché du travail avec un droit à la formation de cinq années, ce qui équivaudrait à un droit à la formation initiale différée. L'État tenterait ainsi d'égaliser ses efforts d'éducation et de formation, puisque chacun débuterait sa vie professionnelle avec un droit à la formation continue inversement proportionnel à la durée de sa formation initiale. Il s'agit bien, dans un esprit de justice sociale, de favoriser les individus les moins diplômés et les plus fragiles. À certains égards, ce dispositif s'inspire de l'« allocation autonomie » ou de l'« allocation d'études » portée par certains syndicats étudiants, mais il va plus loin, en inscrivant ce droit, garanti par l'État, dans une temporalité plus longue : celle du cycle de vie. La formation deviendrait réellement continue, prolongée selon les nécessités et les besoins des individus.

Bien sûr, les modalités concrètes doivent être discutées : nombre, montant des bons mensuels, etc. Mais des évaluations montrent que le coût d'une telle mesure, dans un contexte budgétaire redevenu plus neutre, peut tout à fait être assumé. Selon un rapport publié par Terra Nova, le coût net d'un dispositif de 36 mensualités d'environ 500 euros s'élèverait à 4 milliards par an[1]. Inversement, ce dispositif permettrait d'économiser des dépenses liées aux diverses aides versées aux familles, ainsi qu'une partie des dépenses de formation professionnelle. Par exemple, la demi-part fiscale maintenue après 18 ans pour les enfants poursui-

1. *L'Autonomie des jeunes au service de l'égalité*, Terra Nova, novembre 2010.

vant des études pourrait disparaître : il deviendrait en effet inutile d'aider les familles à aider les jeunes, puisque ces derniers seraient directement aidés.

Ce nouveau droit à la formation devrait être garanti par une loi ; mais, dans le cadre d'un dialogue social élargi, il pourrait être mis en place de manière décentralisée. Financements de l'État, des partenaires sociaux et des régions pourraient être conjugués.

Favoriser l'autonomie des jeunes

Si un relatif consensus s'est ébauché, ces dernières années, pour faire de l'État un acteur de la prise en charge de la dépendance des plus âgés, l'idée qu'il pourrait en être de même pour l'autonomie des jeunes ne va pas de soi en France. Le travail comparatif de Cécile Van de Velde a permis de caractériser le modèle français d'accès à l'autonomie des jeunes[1]. Bien évidemment, il faut prendre en considération à la fois les caractéristiques du système scolaire, le type d'État-providence et la culture nationale pour comprendre la manière dont les jeunes accèdent à l'âge adulte. Il reste que l'intervention de l'État influence profondément cette étape de la vie.

C'est le cas dans les pays scandinaves, grâce à des dispositifs universels de type « allocation d'autonomie ». Au Royaume-Uni, le recours au marché est privilégié, qu'il s'agisse du marché du travail, avec un emploi étudiant très développé, ou du marché financier, avec le recours fréquent à l'endettement pour le financement des études. En Espagne et dans les pays du sud de l'Europe, les jeunes pèsent bien souvent sur les épaules des familles, et l'accès à l'autonomie en est sensiblement retardé. De

1. Cécile Van de Velde, *Devenir adulte. Sociologie comparée de la jeunesse en Europe*, Paris, PUF, 2008.

ce point de vue, et même si l'État intervient (avec le système des bourses et les allocations logement), la France tend à se rapprocher de ses voisins méditerranéens : cette étape de la vie est souvent « familialisée ». Contrairement à ce que l'on croit parfois, la France ne figure pas parmi les pays les plus généreux en matière d'aides aux étudiants. Même si les frais d'inscription universitaires sont plutôt faibles en France, le coût de la vie étudiante est important et tend à augmenter, notamment en matière de logement. Ici encore, les pays du nord de l'Europe se singularisent à la fois par des frais d'inscription très faibles, voire inexistants, et par des aides publiques généreuses qui permettent à 70 % d'une génération d'accéder à l'enseignement supérieur[1].

Destiné en particulier aux individus parvenus au seuil de l'enseignement supérieur, ce financement public, via un système de bons mensuels de formation, a un avantage évident : il permet de soutenir les jeunes des classes populaires qui seraient tentés de renoncer aux études supérieures pour des raisons financières. Au-delà, un tel dispositif permettrait d'adoucir la transition entre les études et l'emploi. L'enquête de Cécile Van de Velde a mis en évidence la manière dont les jeunes Danois faisaient de la jeunesse un temps pour « se trouver » : les allers-retours entre études et emploi ne sont pas rares. La garantie par l'État du financement d'une partie des études permet la reprise tardive de la formation initiale, après une ou plusieurs expériences sur le marché du travail. À rebours de cette « logique d'expérimentation », il s'agit surtout, pour les jeunes Français, de « se placer » le plus rapidement possible, à l'issue d'une période plus ou moins longue d'entre-deux – ni totalement dépendants, ni totalement autonomes.

1. *Regards sur l'éducation*, OCDE, 2011, p. 281 et suivantes.

Certes, au cours des dernières décennies, les dépenses d'éducation, qui profitent aux plus jeunes, ont augmenté sensiblement. Il reste que, hormis le système de bourses et des allocations logement, les jeunes sont largement exclus de la solidarité nationale. La faute en est à la barrière des 25 ans, curieusement centrale dans notre société, qui conditionne à un âge minimal l'accès à un certain nombre d'allocations ou de protections. C'était notamment le cas du RMI, puis du RSA. Il a été étendu aux moins de 25 ans dans un second temps mais dans des conditions tellement drastiques (justifier de deux années de travail au cours des trois années précédant la demande) que les jeunes en demeurent largement exclus.

Cette exclusion de la protection sociale a pourtant des conséquences dramatiques et se traduit par l'extension des poches de pauvreté au sein de la jeunesse. Si, dans les années 1970, les taux de pauvreté les plus élevés s'observaient chez les plus âgés, un retournement spectaculaire s'est opéré. Des poches de pauvreté importantes subsistent parmi les plus âgés, mais statistiquement, c'est désormais parmi les jeunes adultes que la pauvreté est la plus fréquente. En 2009, 750 000 jeunes âgés de 20 à 29 ans pouvaient être considérés comme pauvres (le revenu est inférieur à 50 % du revenu médian), soit 10 % de la génération, contre moins de 4 % des plus de 60 ans.

Afin d'éviter la « latinisation » d'une partie de la jeunesse française[1], la mise en place des bons mensuels de formation doit ainsi s'accompagner de l'ouverture de l'ensemble des droits sociaux (et notamment du RSA) dès l'âge de 18 ans pour les jeunes en situation de précarité, ni en formation, ni en emploi. Sauf à considérer que les moins de 25 ans sont par nature moins courageux que les plus âgés et qu'ils seraient alors davantage enclins à

1. Cécile Van de Velde, avant-propos du dossier « Jeunes d'aujourd'hui, France de demain », *Problèmes politiques et sociaux*, n° 970, mars 2010.

se contenter des revenus de solidarité, il n'y a aucune raison (autre que financière) à ne pas ouvrir les droits sociaux dès l'âge de la majorité. Plus largement, cette discrimination selon l'âge est l'un des symboles des difficultés qu'éprouve la société française à faire une place à sa jeunesse. Elle est d'autant plus incompréhensible que les politiques qui sont menées en faveur de l'insertion des jeunes sont guidées par les mêmes logiques que les politiques en direction des plus de 25 ans [1]. De ce point de vue, transformer la manière dont les jeunes accèdent à la formation et à l'autonomie, c'est aussi en faire des citoyens à part entière.

Les jeunes face à leur avenir

Desserrer l'étau de la reproduction sociale et rendre moins déterminantes les conditions de la naissance ne se résume pas aux questions d'emploi ou de mobilité sociale. Ce droit universel à la formation, avec un État qui assume une part substantielle du coût de la formation et accompagne l'accès à l'autonomie, représente également une occasion de changer la place qui est accordée à la jeunesse.

La jeunesse française est souvent caricaturée. La mobilisation des lycéens et étudiants lors de la dernière réforme des retraites, à l'automne 2010, a donné lieu à la litanie des poncifs habituels. Les jeunes Français du début des années 2000 seraient d'une tristesse et d'un conformisme désespérants, déjà occupés à compter leurs trimestres de cotisations, tandis qu'au même âge leurs aînés rêvaient de changer le monde. Comme l'ensemble des Français, les jeunes seraient particulièrement pessimistes et inquiets pour l'avenir, dans des proportions bien plus élevées que leurs homologues européens.

1. Léa Lima, « Politiques d'insertion et citoyenneté sociale des jeunes », *in* Valérie Becquet *et al.* (dir.), *Politiques de jeunesse*, *op. cit.*, p. 126-137.

Ce genre de discours ne résiste toutefois pas à l'épreuve de la comparaison. Lors des dernières années, les manifestations de jeunes ont essaimé, de la Grèce (« génération 700 euros ») à l'Espagne (« génération 1 000 euros »), du Royaume-Uni au Canada, contre l'augmentation des frais d'inscription à l'université.

Concernant la perception de leur avenir, les jeunes Français ne constituent pas non plus une exception. Dans l'enquête sociale européenne de 2006[1], avant l'explosion de la crise financière, il a été demandé aux enquêtés de mesurer sur une échelle de 0 (« pas inquiet ») à 10 (« très inquiet ») leur appréhension quant au niveau du revenu dont ils pensent disposer lors de la retraite. Les 18-30 ans français donnent une note moyenne de 6,5, comparable à celle donnée par les jeunes Allemands, Portugais et Espagnols. Les jeunes de ces pays se distinguent en revanche des jeunes Finlandais, Danois, Suédois et Norvégiens, beaucoup plus optimistes, et dont la note moyenne n'excède pas 4. De la même manière, interrogés sur leur perception de l'avenir, 70 % à 75 % des jeunes Scandinaves se disent « toujours optimistes », contre 62 % des jeunes Français, accompagnés dans leur moindre optimisme par les jeunes Allemands et, à un degré moindre, par les jeunes Britanniques. Dernier exemple : invités à exprimer leur degré de satisfaction vis-à-vis de leur travail, les jeunes Français délivrent une note de 6,7, beaucoup moins élevée que les jeunes des pays du nord de l'Europe, mais comparable à leurs homologues allemands ou britanniques.

S'il existe de toute évidence, du point de vue de la perception de l'avenir, une spécificité des jeunesses nordiques, les jeunes Français ne sont pas les seuls à exprimer leurs craintes. En revanche, ce qui les singularise de manière impressionnante, c'est

1. L'*European Social Survey* (ESS) est une enquête comparative menée tous les deux ans dans la plupart des pays européens.

le sentiment de ne pas avoir la possibilité de faire leurs preuves. En effet, plus de 50 % des jeunes Français affirment qu'ils ont « peu de chances de montrer ce dont ils sont capables » ; ils figurent en tête de ce palmarès du désenchantement, loin devant les jeunes Portugais (moins de 40 %), qui occupent la deuxième place. S'il existe une spécificité des jeunes Français, elle est donc à chercher dans le sentiment que la société dans laquelle ils vivent ne leur laisse pas la possibilité d'exprimer leur dynamisme et leurs talents ou de montrer ce dont ils sont réellement capables [1].

Pourquoi un tel sentiment ? L'emprise du diplôme initial et la fixation précoce des destins qui s'ensuit ont sans aucun doute une influence, de même que la contradiction dans laquelle se trouvent les jeunes Français : d'une part, une injonction à l'indépendance et à l'autonomie, mais, de l'autre, du fait de la nécessité de solliciter l'aide des parents, un sentiment de dépendance coupable dans une société qui, au contraire des sociétés latines, ne fait pas officiellement de la famille un pilier de la solidarité. On peut parler, avec Cécile Van de Velde, de « familialisation induite » pour qualifier cette dépendance familiale non assumée par la société.

De la désaffiliation à la citoyenneté

Ce sentiment de ne pas avoir la possibilité de faire ses preuves nourrit un autre sentiment : celui de ne pas maîtriser son destin. Dans le cadre d'une enquête réalisée pour le Laboratoire des idées du Parti socialiste en 2010, 36 % des 18-30 ans interrogés affirment n'avoir « que peu de pouvoir réel sur ce qui

1. Camille Peugny, « Les jeunesses européennes, leurs difficultés et leur perception de l'avenir : une tentative de comparaison », *Informations sociales*, n° 165-166, 2011, p. 50-59.

[leur] arrive », proportion qui atteint 52 % pour les jeunes habitant une zone urbaine sensible. Sans surprise, plus les ressources culturelles et économiques dont ils disposent sont limitées, plus ce sentiment est fort (il concerne par exemple 52 % des jeunes au mieux titulaires du BEPC ou d'un BEP).

Or ce sentiment de fatalité nourrit la désaffiliation sociale et le sentiment d'exclusion. Comment se sentir citoyen d'une société dont on est exclu ? 52 % des jeunes ayant le sentiment d'avoir un contrôle sur ce qui leur arrive déclarent s'intéresser à la politique, contre 34 % de ceux qui se sentent impuissants face à ce qui leur arrive. 66 % des premiers renvoient la gauche et la droite dos à dos (« que ce soit la droite ou la gauche, c'est toujours la même chose »), ce qui est élevé, mais cette proportion grimpe à 80 % chez les seconds.

Ce sentiment d'être sans maîtrise sur sa propre vie n'est pas anodin et a des conséquences cruciales sur la manière dont les jeunes assument leur rôle de citoyen. Lorsque l'on cherche à prédire la probabilité qu'un jeune se dise intéressé par la politique, on retrouve des résultats connus depuis longtemps. L'effet du genre est important, puisque, à âge, diplôme et situation professionnelle équivalents, les jeunes hommes ont deux fois plus de chances de se déclarer intéressés par la politique que les jeunes femmes. Ensuite, le niveau de diplôme joue un rôle massif : les titulaires d'un master ou d'un doctorat ont sept fois plus de chances de se déclarer intéressés que les non-diplômés ou les titulaires d'un BEP. Cependant, à niveau de diplôme égal, le sentiment de maîtriser son existence, tout comme celui d'avoir la capacité de changer les choses (à son niveau), exercent un effet significatif sur la probabilité de s'intéresser à la politique.

L'immobilité sociale et la fixation précoce des destins expliquent en partie ces attitudes de pessimisme, de retrait ou de désintérêt pour la chose publique. En ce sens, le système éducatif a un rôle décisif à jouer pour que les jeunes aient davantage confiance dans les institutions et pour qu'ils trouvent leur place dans la société en tant que travailleurs et en tant que citoyens.

Faire de l'école de la République une école véritablement démocratique, qui se donne le temps de mieux faire face aux inégalités, permettrait de mieux accompagner les enfants des classes populaires vers la réussite scolaire et vers de meilleurs emplois. En mettant en place un dispositif de formation pour tous, valable tout au long de la vie et garanti par l'État, le poids de la naissance, des études et du diplôme pourrait diminuer ; la multiplication des moments de formation, et donc d'égalité, permettrait de mieux rebattre les cartes entre les générations. Mais plus fondamentalement encore, en insufflant un changement radical dans la manière dont l'accès à l'autonomie est pensé, la société adresserait un signe majeur de reconnaissance à sa jeunesse, dans les actes et au-delà des discours. Il s'agit de considérer chaque individu, quelles que soient ses caractéristiques, comme un citoyen responsable et à part entière. C'est pourquoi un tel dispositif doit être universel.

La question de l'universalité de ce genre de dispositif est importante, tout particulièrement en période de disette budgétaire. Pourquoi faire de cette intervention de l'État un droit universel ? Pourquoi aider tous les jeunes de la même manière, y compris ceux qui *a priori* n'en auraient pas besoin, car issus de milieux favorisés ? La justice sociale n'imposerait-elle pas, au contraire, d'aider davantage ceux qui en ont réellement besoin ? Pourquoi ne pas fixer un seuil de revenu parental au-delà duquel un tel droit ne s'ouvrirait pas, ou mettre en place une allocation différentielle sur le modèle du RMI puis du RSA ?

À ces objections, on peut répondre qu'un dispositif universel ferait davantage consensus dans la société, y compris auprès des mieux lotis, dont les enfants bénéficieraient des mêmes droits. On peut aussi répondre qu'à partir du moment où les plus favorisés contribuent au financement d'un dispositif à la hauteur de leurs revenus (dans le cadre d'un impôt véritablement progressif), son caractère universel choque moins le sens de l'équité. Mais surtout, ce dispositif doit être universel parce qu'il permet précisément de reconnaître des citoyens – des citoyens qui n'existent pas par les conditions de leur naissance, mais par le regard que la société porte sur eux : des individus libres qu'il faut accompagner sur le chemin d'une vraie autonomie, tant financière que sociale.

CONCLUSION

De la société héréditaire à l'universalité des droits

Si la justice et la démocratie progressent dans une société à mesure que diminue le poids de l'origine sociale sur le destin de ses membres, alors les trois dernières décennies semblent avoir été perdues pour la France. En effet, au cours du dernier quart de siècle, l'intensité de la reproduction sociale n'a pas diminué. Mesuré par la catégorie socioprofessionnelle de l'emploi occupé, le sort des enfants des classes populaires ne s'est que très légèrement amélioré, et essentiellement parce que la structure des emplois s'est élevée au cours de la période. Pire : puisque les enfants issus des milieux les plus favorisés ont vu leurs perspectives s'éclaircir dans des proportions au moins équivalentes, aucun progrès n'a été réellement réalisé en matière d'égalité des chances. Invariables semblent demeurer les mécanismes qui régissent la distribution des individus au sein de l'espace social.

Un tel constat invite à briser le mythe que constituent les théories de la « moyennisation » que d'aucuns défendent encore. La prophétie d'une société sans classes sociales est violemment démentie par la persistance d'un tel déterminisme de la naissance. Si la montée de la précarité et du déclassement pour des franges croissantes de la population crée des tensions très fortes entre des groupes pourtant proches dans l'espace social, sapant l'identité collective des classes populaires, il n'y a guère de doutes d'un point de vue objectif : la société française est toujours une société de classes, que ce soit en matière de scolarité, d'insertion professionnelle, de revenus ou de patrimoine. Les destins à ce point contrastés des enfants des classes populaires, d'une part, des enfants de cadres ou de professions libérales, de l'autre, donnent du crédit à la thèse d'une dualisation de la société française. Cette dualisation ne se limite pas aux emplois, aux contrats de travail, aux salaires ; elle se lit également dans les perspectives qui s'offrent aux générations qui montent.

Historiquement, c'est plutôt la mobilité sociale qui inquiète. La sociologie de l'après-guerre fourmille de mises en garde à l'encontre d'une trop forte mobilité sociale. L'individu en ascension y apparaît comme un être potentiellement dangereux, perdu entre son groupe social d'origine et celui dans lequel il est parvenu. Tiraillé entre deux identités, ce transfuge porte forcément en lui la trace d'un conflit psychique. Les inquiétudes sont individuelles (isolement social, solitude et repli sur soi, malaises divers), mais surtout collectives. Le déplacement d'un trop grand nombre d'individus pourrait constituer une menace pour la cohésion sociale et pour la stabilité du régime politique des sociétés de masse : des individus écartelés par un conflit identitaire majeur pourraient adopter des attitudes politiques extrêmes. En résumé, encourager un fort taux de mobilité sociale serait ignorer les « preuves évidentes du coût social et psychologique » d'un tel mouvement : un coût probablement élevé « sur le plan de la combativité, de la frustration, du déracinement et diverses maladies qui en découlent[1] ».

Formulées voici un demi-siècle au début des Trente Glorieuses, ces inquiétudes prêtent aujourd'hui à sourire. Car c'est bien davantage l'intensité de la reproduction des inégalités qui menace la cohésion sociale. Un tel degré d'immobilité sociale interroge notre démocratie et la République. Un tel déterminisme de la naissance, dans une société qui érige la mobilité et l'autonomie des individus en valeurs suprêmes, sape la confiance dans les institutions. La défiance, particulièrement forte en France, tout comme le pessimisme des Français, doivent se lire au prisme de la massive reproduction des inégalités. Comment se projeter dans l'avenir lorsque le destin semble fixé dès le plus jeune âge ? Comment se sentir citoyen lorsque les trajectoires exceptionnelles de quelques individus ne parviennent plus à dissimuler la condamnation sociale de millions d'autres ?

Lutter contre la reproduction sociale est donc une nécessité impérieuse, qui devrait faire consensus : le déterminisme de la naissance ne peut satisfaire aucune conception de la justice sociale. En théorie, deux processus peuvent conduire à une diminution de l'immobilité sociale. D'abord, une forte augmentation des débouchés vers le haut, qui finit par profiter également aux enfants des classes populaires, pour peu que leur niveau de formation s'élève. Ensuite, si la part du salariat moyen et supérieur n'augmente pas sensiblement, il faut que l'allocation des places s'opère de manière plus juste, pour que les élus se recrutent un peu moins fréquemment parmi les enfants favorisés. Dans la société française telle qu'elle fonctionne, tout se passe comme si seules de profondes transformations structurelles, liées à des

1. Seymour Lipset et Reinhard Bendix, *Social Mobility in Industrial Society*, Berkeley, University of California Press, 1959.

périodes économiques exceptionnelles, pouvaient permettre de contrarier la reproduction des inégalités.

Pour l'école « républicaine », le constat est rude : dès que se referme la période de forte croissance, la hausse des taux de scolarisation se révèle impuissante à enrayer l'immobilité sociale. Il faut donc distinguer deux étapes dans le processus de massification scolaire. Une première ouverture scolaire bénéficie aux cohortes nées au lendemain de la Seconde Guerre mondiale ; associée à la diffusion rapide du salariat moyen et supérieur qui accompagne les Trente Glorieuses, elle permet aux enfants des classes populaires de bénéficier d'un mouvement de promotion sociale important. Une seconde explosion scolaire, qui correspond à l'ouverture du lycée avec l'objectif des « 80 % au bac », se heurte à une dynamique inversée sur le marché du travail. Tel que fonctionne le système éducatif en France aujourd'hui, l'école, seule, ne peut mener à bien l'exigence d'égalisation des conditions : il faut donc réformer le système éducatif et, pour cela, reconnaître l'échec du modèle républicain tel qu'il a été pensé depuis la fin du XIXe siècle.

Le modèle français consiste à recruter une élite interclassiste en promouvant quelques éléments méritants des classes les plus défavorisées. Dans sa version moderne, celle d'une individualisation des chances « à l'américaine », ce modèle consent à ouvrir les filières dites « d'excellence » à quelques élus issus des classes populaires *via* des dispositifs particuliers. À chaque fois, on obtient un même résultat : pour quelques réussites éclatantes, une masse de relégués dont la société ne se préoccupe plus, ou si peu.

La révolution que nous préconisons poursuit un objectif tout autre : faire en sorte que le destin des individus ne soit pas figé dès le plus jeune âge. Pour cela, il faut que l'école devienne véritablement démocratique, mais aussi que ses verdicts ne soient jamais définitifs : une société ne devrait jamais considérer qu'elle en a fini avec l'égalisation des conditions. C'est pourquoi le dispositif universel d'accès à la formation provoquerait un salutaire bouleversement des politiques publiques et des pratiques sociales dans notre pays. Un tel dispositif ferait progresser l'égalité des chances, puisqu'il multiplierait les voies d'accès vers les positions les plus stables et les plus rémunératrices : grâce à lui, tout n'est pas joué à l'issue de la formation initiale, puisque les individus disposent de vraies secondes chances. Mais, surtout, il ferait progresser l'égalité des « places[1] » : la société pourrait lutter en même temps contre la relégation de ceux qui n'emprunteront jamais les chemins de l'excellence et, ainsi, contre les stigmates de la naissance. Faire en sorte, autant que possible, que rien ne soit définitivement joué : telle pourrait être la définition de l'égalisation des conditions dans des sociétés écartelées par la mondialisation.

Au-delà de ce dispositif, faire progresser l'égalité des conditions ne pourra se faire sans repenser les contenus, les conditions de travail, les salaires et la place des différents métiers. Si cet essai a souvent évoqué la « probabilité d'être cadre » pour démontrer la corrélation entre l'origine sociale et les positions sociales dites « supérieures », il ne défend aucun fétichisme de la catégorie socioprofessionnelle. Qu'aura-t-on obtenu lorsque l'accès aux meilleures places ne dépendra plus de la naissance ? La société en aura-t-elle fini avec les inégalités lorsque les cadres se recruteront proportionnellement aussi souvent chez les enfants d'ouvriers que chez les enfants de cadres ? Non, évidemment.

Pour diminuer le poids de la reproduction sociale, il ne suffira donc pas de rendre la compétition pour les places plus juste, moins marquée par le sceau de l'origine. C'est aussi contre la dualisation de la société qu'il faut lutter, par l'égalisation des

1. François Dubet, *Les Places et les Chances*, Paris, Seuil / La République des Idées, 2010.

emplois, des conditions de travail, des statuts, des rémunérations. Il s'agit de la place que la société accorde à celles et ceux, nombreux, qui œuvrent dans l'ombre des vainqueurs, et souvent à leur service.

REMERCIEMENTS

Ce travail doit beaucoup aux nombreux échanges que j'ai eus depuis plusieurs années et en différentes occasions avec mes collègues de l'université Paris 8 et du CRESPPA-CSU : qu'ils en soient vivement remerciés, ainsi que Vincent Tiberj, qui m'a encouragé à me lancer dans cette tâche redoutable qu'est l'écriture d'un tel ouvrage. Je remercie également Jeanne Méry, qui a bien voulu être ma première lectrice, lors de son stage au sein de l'équipe CSU, ainsi que Pascale Gérard pour les réflexions partagées ces dernières années sur la sécurisation des parcours professionnels et la formation « tout au long de la vie ».

Dans la même collection

ÉRIC MAURIN
L'Égalité des possibles (2002)

THÉRÈSE DELPECH
Politique du chaos (2002)

OLIVIER ROY
Les Illusions du 11 septembre (2002)

JEAN-PAUL FITOUSSI
La Règle et le Choix (2002)

MICHAEL IGNATIEFF
Kaboul-Sarajevo (2002)

DANIEL LINDENBERG
Le Rappel à l'ordre (2002)

PIERRE-MICHEL MENGER
Portrait de l'artiste en travailleur (2003

HUGUES LAGRANGE
Demandes de sécurité (2003)

XAVIER GAULLIER
Le Temps des retraites (2003)

SUZANNE BERGER
Notre première mondialisation (2003)

ROBERT CASTEL
L'Insécurité sociale (2003)

BRUNO TERTRAIS
La Guerre sans fin (2004)

Thierry Pech, Marc-Olivier Padis
Les Multinationales du cœur (2004)

Pascal Lamy
La Démocratie-monde (2004)

Philippe Askenazy
Les Désordres du travail (2004)

François Dubet
L'École des chances (2004)

Éric Maurin
Le Ghetto français (2004)

Julie Allard, Antoine Garapon
Les Juges dans la mondialisation (2005)

François Dupuy
La Fatigue des élites (2005)

Patrick Weil
La République et sa diversité (2005)

Jean Peyrelevade
Le Capitalisme total (2005)

Patrick Haenni
L'Islam de marché (2005)

Marie Duru-Bellat
L'Inflation scolaire (2006)

Jean-Louis Missika
La Fin de la télévision (2006)

DANIEL COHEN

Trois Leçons sur la société post-industrielle (2006)

LOUIS CHAUVEL

Les Classes moyennes à la dérive (2006)

FRANÇOIS HÉRAN

Le Temps des immigrés (2007)

DOMINIQUE MÉDA, HÉLÈNE PÉRIVIER

Le Deuxième Âge de l'émancipation (2007)

THOMAS PHILIPPON

Le Capitalisme d'héritiers (2007)

YOUSSEF COURBAGE, EMMANUEL TODD

Le Rendez-vous des civilisations (2007)

ROBERT CASTEL

La Discrimination négative (2007)

LAURENT DAVEZIES

La République et ses territoires (2008)

GÖSTA ESPING ANDERSEN

(AVEC BRUNO PALIER)

Trois Leçons sur l'État-providence (2008)

LOÏC BLONDIAUX

Le Nouvel Esprit de la démocratie (2008)

JEAN-PAUL FITOUSSI, ÉLOI LAURENT

La Nouvelle Écologie politique (2008)

CHRISTIAN BAUDELOT, ROGER ESTABLET

L'Élitisme républicain (2009)

Éric Maurin
La Peur du déclassement (2009)

Patrick Peretti-Wattel, Jean-Paul Moatti
Le Principe de prévention (2009)

Esther Duflo
Le Développement humain
Lutter contre la pauvreté (I) (2010)

Esther Duflo
La Politique de l'autonomie
Lutter contre la pauvreté (II) (2010)

François Dubet
Les Places et les Chances

Repenser la justice sociale (2010)

Dominique Cardon
La Démocratie Internet
Promesses et limites (2010)

Dominique Bourg, Kerry Whiteside
Vers une démocratie écologique
Le citoyen, le savant et le politique (2010)

Patrice Flichy
Le Sacre de l'amateur (2010)

Camille Landais, Thomas Piketty, Emmanuel Saez
Pour une révolution fiscale
Un impôt sur le revenu pour le XXIe *siècle* (2011)

Pierre Lascoumes
Une démocratie corruptible (2011)

Philippe Aghion, Alexandra Roulet
Repenser l'État
Pour une social-démocratie de l'innovation (2011)

Collectif
Refaire société (2011)

Dominique Goux, Éric Maurin
Les Nouvelles Classes moyennes (2012)

Blanche Segrestin, Armand Hatchuel
Refonder l'entreprise (2012)

Nicolas Duvoux
Le Nouvel Âge de la solidarité
Pauvreté, précarité et politiques publiques (2012)

François Bourguignon
La Mondialisation de l'inégalité (2012)

Laurent Davezies
La crise qui vient
La nouvelle fracture territoriale (2012)

Michel Kokoreff, Didier Lapeyronnie
Refaire la cité
L'avenir des banlieues (2013)

RÉALISATION : I.G.S.-C.P. À L'ISLE-D'ESPAGNAC
IMPRESSION : CORLET IMPRIMEUR S.A. À CONDÉ-SUR-NOIREAU
DÉPÔT LÉGAL : MARS 2013. N° 109608-5 (169685)
IMPRIMÉ EN FRANCE